공존과 상생을 위한
하모니 리더십

공존과 상생을 위한

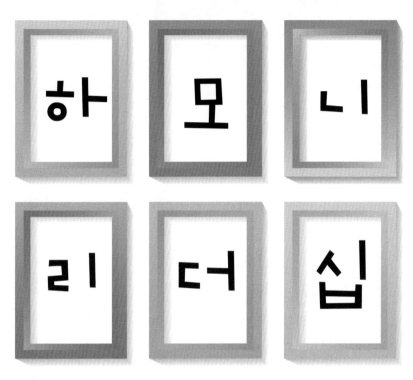

하모니 리더십

박현정 **지음**

붐크주

리더십의 중요성은 아무리 강조해도 지나치지 않는다. 국가나 기업의 성공과 실패는 리더십에 의해 좌우되었다고 해도 과언이 아니다. 다가올 미래 사회의 리더는 시간과 공간을 초월하여 상호 존중하고, 다름을 인정하며 함께 더불어 나가야 한다. 점점 개인화되고 다원화되는 사회에서 공존과 상생의 하모니 리더십은 더욱 중요하며 리더가 반드시 갖추어야 할 덕목이라고 생각된다. 다른 사람을 긍정적인 방향으로 이끌어갈 수 있는 사람이 바로 진정한 리더라는 저자의 말에 공감하면서 많은 젊은이들이 공존과 상생을 위한 하모니 리더십을 읽고 미래 사회의 리더가 되기를 소망해 본다.

이종서 (전, 교육부 차관. 현, 대전대학교 총장)

상생의 원리란 자신만이 아니라 다른 사람과 모든 존재의 가치와 권리를 인정하고 존중하면서 그들과 서로 도우며 더불어 살아가는 것을 말한다. 즉, 공생하는 모든 존재가 서로 아끼고 도우고 사는 것을 상생이라고 할 수 있다. 일찍이 장자가 "사람이 인생의 길을 간다. 그는 자신이 밟고 가는 발바닥 크기만큼의 땅만 필요하다고 주장한다. 주위의 나머지 불필요해 보이는 땅들은 모두 잘라 없애 버린다. 그가 걷는 길 바깥으로는 천 길 낭떠러지가 됐다. 아! 얼마나 위태롭고 위험한 짓인가?"라고 말한 것처럼, 자신이 소중하듯 사람이든 물건이든 자연이든 다른 존재도 모두 절대적으로 소중하고, 그들이 있기 때문에 내가 존재할 수 있으므로 자신만 아니라 다른 존재 모두 존중해야 한다. 이러한 상생의 원리에서 우리는 공동의 문제를 풀기 위한 해법을 찾을 수 있다.

상생의 원리는 전체주의와는 전혀 다른 개념이다. 상생의 원리는 인간 개인을 궁극적인 가치의 원천으로 여겨 개인의 권리를 절대적으로 보장하고, 전체를 위한 개인의 희생을 용납하지 않는다. 상생의 원리는 내가 소중한 것처럼 다른 사람과 생명체를 비롯한 모든 존재가 소중함을 인정하고 서로 도와야 함을 강조한다. 그런 면에서 이 원리는 자유주의의 관용의 원리와 공동체주의의 관점을 더 적극적으로 확장한 것이라고 할 수 있다.

지금 세계는 서로의 울타리를 허물고 공존과 상생의 원리 아래에서 조화로운 삶을 추구하고 있다. 그것이 우리나라의 경우든, 다른 나라의 경우든, 어느 조직의 경우이든 모두 동일할 것이다. 이 책은 그러한 사회 조직의 구성원리를 친절하고 알기 쉽고 설득력 있게 말해 주고 있다. 그리고 공존과 상생을 위해 각 개인의 갖추어야 할 요건에 대해서도 조언해 주고 있다.

그런 점에서 이 책《공존과 상생을 위한 하모니 리더십》은 공존과 상생의 사회를 향한 뜨거운 화해의 메신저 역할을 할 것이라고 믿는다. 공존과 상생의 사회를 꿈꾸는 누구라도 이 책을 읽어 보길 권한다. 나아가, 미처 읽지 않은 주위 사람들도 읽도록 권장한다면 상생번영의 사회가 더 빨리 오고 탄탄해질 것이라고 기대한다.

임채성 (서울교육대학교 총장)

어느 조직이든 구성원들의 욕구를 충족시키면서도 조직의 목표를 효율적으로 달성하기 위해서는 리더가 발휘하는 리더십이 매우 중요하다. 사실 과업과 상황에 따라 개개인의 욕구를 충족시키면서도 조직의 목표달성을 극대화한다는 것은 결코 쉽지 않은 일이며, 따라서 리더가 상황에 맞게 리더십을 발휘한다는 것은 상당히 어려운 일이다. 올바른 리더십은 가정, 기업, 사회, 그리고 나아가 국가를 효율적으로 이끌어가는 필수조건이라고 할 수 있다. 우리는 그동안 리더와 리더십에 대해 꾸준히 연구해왔으나 아직도 정확한 답을 찾지 못하고 있는 실정이다. 그만큼 리더와 리더십은 정치, 경제, 사회, 문화

등 모든 분야에서 중요한 관심과 연구의 대상이 되어 온 것이다.

그런데 앞으로 다가올 미래사회에서는 리더의 리더십이 더욱 중요시 된다. 4차산업혁명시대를 맞이하여 사회의 변화가 급격히 이루어질 것이기 때문이다. 무엇보다도 4차산업혁명시대 에는 지식정보화, 인공지능과 로봇 등 정보통신기술의 발달, 국제화, 다원주의적 경향이 더욱 강조될 것이기 때문에 리더의 중요성이 더욱 부각된다. 그러면 이렇게 급변하는 시대에 필요한 리더십은 무엇일까? 미래사회에는 사회가 급변하고, 협업의 필요성이 증대되며, 글로벌 시대에 원만하게 대처해 나가야 하고, 다양한 가치가 혼재하는 사회이기 때문에 리더의 중요한 역할 중의 하나는 올바른 방향의 설정, 동기유발, 다양성을 존중하면서도 조직목표를 지향해 나갈 수 있도록 구성원을 조정하는 일들이 중요시 될 것이다. 다시 말해서 조직의 목표를 달성하면서도 구성원들이 공존하며 상생할 수 있게 해주는 리더십이 더욱 중요해진다.

이 책은, 보이지 않게 우리 사회의 근본을 이루고 있는 공존과 상생의 비밀에 대해 설득력 있게 알려주고 있다. 사람은 공존과 상생의 원리 속에서 공동의 번영과 발전을 꿈꾸며, 또 그러한 지향점으로 향하고 있기 때문이다.

이러한 맥락에서 저자 박현정 박사가 주장하는 4차 산업혁명시대의 새로운 패러다임으로 공존과 상생의 하모니 리더십은 4차 산업혁명 시대의 리더에게 꼭 필요한 자질이라고 판단된다. 저자가 이러한 하모니 리더십을 주장하게 된 데는 아마도 저자가 오케스트라를 직접 지휘하면서 현장에서 몸소 터득한 것이 큰 계기가 되지 않았나 하는 생각도 든다.

　　그동안 리더십에 관한 많은 책들이 있었지만 사실 전문성이 없으면 접근하기가 쉽지 않은 경우가 대부분이었다. 그런데 이 책은 누구나 쉽게 읽고 이해할 수 있게 서술되어 있어서 4차 산업혁명 시대의 주역이 될 청소년들이라면 꼭 한번 읽어 볼 것을 적극 추천한다. 특히 자녀교육에 지대한 관심을 가지고 있는 학부모들이라면 급변하는 사회에서 자녀가 낙오하지 않고 변화에 부응하도록 키우기 위해서는 가정에서부터 부모가 어떤 모범을 보여야 할지 새삼 생각해 보게 하는 책이라고 할 수 있다. 사람과 사람이 이어지고, 함께 더불어 사는 사회에서 공존과 상생의 리더십은 아무리 강조해도 지나치지 않을 것이다.

　　송광용 (전, 대통령비서실 교육문화 수석비서관)

서문

개인 간에 이해충돌이 일어나는 공동의 갈등 문제를 풀기 위해서는 개인주의가 아닌 다른 원리나 관점이 필요한데, 상생의 원리가 좋은 대안이 될 수 있다. 자유주의의 개인주의는 인간 생활에서 공생(共生)을 간과하는 면이 있다. 이것은 인간의 사회성 혹은 인간 삶의 공동체적 측면을 보다 확장한 개념이라고 할 수 있다.

우리가 살고 있는 자본주의 사회 역시 모든 사람이 서로 공생의 끈으로 연결되어 있다. 경제적으로 우리는 모두 직간접적인 분업과 협업의 고리로 이어져 있다. 의식주를 비롯하여 우리가 소비하는 모든 재화(물자와 서비스)는 모두 다른 사람들이 만든 것이다. 당장 쌀을 얻기 위해 직접 거래하는 사람은 쌀가게 사장이지만, 그것을 생산하고 판매하기까지 농부에서 출발하여 정미소 직원, 트럭 운전사, 물류 창고 직원, 도매상인, 농약과 비료를 생산하는 회사 직원, 농약과 비료의 원료를 공급하는 회사의 직원 등 헤아릴 수 없이 많은 사람이 관여한다. 이처럼 모든 재화의 수출입을 통해 세계적으로 분업과 협업이 이루어지고 있다는 면에서 우리는 전 세계 인류와 공생 관계에 있다고 볼 수 있다. 우리가 살면서 기쁨과 보람을 느끼는 것도 공생 덕분이다. 자신 외에 그 어떤 사람이나 생명체, 존재 없이 홀로 산다면, 우리는 아무런 기쁨과 보람을 느낄 수 없을 것이다. 부귀영화로 인한 만족과 기쁨도 결국 다른 사람들이 있기 때문에 의미가 있는 것이지, 이세상에 혼자 살았다면 이 모든 것이 전혀 가치가 없을 것이다. 물론 이런 것들 없이도 소박한 삶에 만족하는 이들도 종종 있지만, 이것이 가능한 것도 그들이 사랑하는 가족과 친지, 그리고 아름다운 자연과 동식물과 함께하기 때문이다.

상생의 원리란 자신만이 아니라 다른 사람과 모든 존재의 가치와 권리를 존중하면서 그들과 서로 도우며 더불어 살아가는 것을 말한다. 즉, 공생하는 모든 존재가 서로 아끼고 도우고 사는 것을 상생이라고 할 수 있다. 자신이 소중하듯 다른 존재도 모두 절대적으로 소중하고, 그들이 있기 때문에 내가 존재할 수 있으므로 자신만 아니라 다른 존재 모두 존중해야 한다. 이러한 상생의 원리에서 우리는 공동의 문제를 풀기 위한 해법을 찾을 수 있다.상생의 원리는 전체주의와는 전혀 다른 개념이다. 국가나 집단을 개인보다 우선시하는 전체주의는 전체를 위한 개인의 희생을 당연한 것으로 여긴다. 그러나 상생의 원리는 인간 개인을 궁극적인 가치의 원천으로 여겨 개인의 권리를 절대적으로 보장하고, 전체를 위한 개인의 희생을 용납하지 않는다. 그런 점에서 이 원리는 개인주의와 상통한다고 할 수 있다. 상생의 원리는 내가 소중한 것처럼 다른 사람과 생명체를 비롯한 모든 존재가 소중함을 인정하고 서로 도와야 함을 강조한다. 그런 면에서 이 원리는 자유주의의 관용의 원리와 공동체주의의 관점을 더 적극적으로 확장한 것이라고 할 수 있다.개인주의의 한계를 상생의 원리로 보완한 자유주의를 상생적 자유주의라고 한다. 이것의 구체적인 내용에는 정치적 자유주의의 기본 원리(만인평등, 인본주의, 개인의 기본권 존중, 사상과 표현의 자유, 행동과 집회·결사의 자유, 관용, 자기 책임의 원칙 등) 확립, 민주주의와 법치주의 확립, 적절한 정부 개입을 통해 시장의 한계를 보완하는 복지국가형 수정자본주의, 상생의 원리의 실천을 통한 공동의 갈등 문제(분배의 갈등, 인간소외, 윤리 타락, 환경 파괴, 국제분쟁 등) 해결, 그리고 정부의 실패를 예방하기 위한 적절한 제도적 장치 등을 들 수 있다. 이러한 상생적 자유주의가 모두에게 더 이상적인 사회를 만드는 새로운 시대의 패러다임이 되어야 한다.

새로운 시대의 패러다임을 개척하는 데 반드시 필요한 것이 리더십이다. 올바른 리더십은 모든 조직이 추구하고 있는 필수요소이다. 조직은 리더십의 엄청난 경쟁가치를 인정하고, 그것을 자신들의 중요한 자산으로 여기고 있다. 대중들 또한 리더십에 대해 기하급수적인 관심을 가지고 있다. 사람들은 서점에서 리더십에 관한 책을 사서 읽으며, 리더십 강연을 듣고, 교육을 받는다. 리더십에 대한 수많은 이론이나 주장들이 난무하여 대중들은 이리저리 현혹되고 있다. 사람들은 "올바른 리더가 되는 방법은 무엇인가?"에 대한 대답, 그것을 추구하고 있는 것이다.우리 사회에서 진정한 리더와 리더십의 필요성이 논의된 지는 오래되었다. 그리고 지금도 그것을 배우고자 하는 열기로 달아오르고 있다. 하지만 진정한 리더와 리더십의 정의는 지금도 여전히 우리 사회에서 큰 논쟁거리로 자리 잡고 있다. 작게는 가정의 리더십이나 기업, 교육 현장에서부터 크게는 국가를 경영하는 국가 지도자의 리더십에 이르기까지, 우리 사회 전반은 리더십 부재에 당면해 있다. 많은 사람들이 서점에서 책을 사고, 강연을 듣고, 심지어 리더십 전문교육에 참여하는 등 리더십을 기르기 위해 고군분투하고 있다. 그럼에도 불구하고 우리 사회가 여전히 진정한 리더와 리더십을 찾아야 하는 이유는 어디에 있는가?

그것은 아마도 리더십에 대한 올바른 인식이 부족하기 때문일 것이다. 또한 체계적인 교육과함께 지속적인 훈련이 좀더 필요하기 때문일 것이다. 리더십은 단순한 처세술과도 다르며, 임기응변의 기교나 화려한 기술의 테크닉과도 다르다. "모든 문제는 리더십에서 시작된다"는 말이 있다. 그것은 리더십의 중요성을 극명하게 보여주는 것이라 할 수 있다. 개인의 문제나 가

정, 기업, 사회, 국가의 문제에 이르기까지, 모든 문제의 중심에는 리더십의 부재가 결정적인 역할을 한다. 리더십이 부족할 경우, 가정은 끊임없이 불화에 시달리며, 직원은 승진의 기회조차 갖지 못하고, 상사는 직원들에게 외면당한다. 또 경영자는 기업을 파탄으로 끌고 가며, 정치 지도자는 언론의 도마 위에 오를 뿐만 아니라 사회통합을 방

해하기까지 한다. 결국 리더십이란 조직의 우두머리 몇몇이 갖춰야 할 덕목이 아니라, 현대를 사는 일반 사회인이라면 반드시 지녀야 할 인생철학이자 성공하는 삶의 필수요소가 되었다. 올바른 리더십은 가정, 기업, 사회, 그리고 나아가 국가를 효율적으로 이끌어가는 데 필요한 조건이다. 우리는 위대한 인물로 헬렌 켈러를 꼽는다. 그러나 그의 뒤에는 설리반 선생이 있었다. 설리반 선생의 훌륭한 리더십이 없었다면, 헬렌 켈러는 우리의 기억 속에 길이 남지 못했을 것이다. "좋은 리더는 람들이 가고 싶어 하는 곳으로 그들을 이끌어간다. 위대한 리더는 사람들이 절대로 가고 싶어 하지 않지만, 꼭 가야 하는 곳으로 그들을 이끌어간다"(로살린 카터). 다른 사람을 긍정적인 방향으로 이끌어 갈 수 있는 사람이 바로 진정한 리더이다. 오로지 혼자 앞서가는 것은 올바른 리더의 모습이 아니다. 다른 사람을 변화시켜 좋은 방향으로 이끌 수 있는 사람이 자신의 인생도 성공으로 이끌어 갈 수 있다는 것을 잊지 말아야 한다. 뛰어난 리더가 되기 위해서는 책임을 다해 일할 뿐만 아니라, 자신의 가치와 열정을 기꺼이 조직이나 사회에 투자할 수 있어야 한다. 이 책은 새 시대의 패러다임으로 공존과 상생의 리더십을 제시하고 있다. 사람과 사람이 이어지고, 함께 더불어 사는 사회가 공존과 상생의 리더십이 추구하는 이상적 사회상이다. 이러한 이상적 사회상으로 향하는 데 있어서 이 책이 첫걸음의 역할을 할 것이다. 아울러

이 책을 내는 데 도움을 주신 도서출판 북그루 이창호 대표님에

게 고마움을 전하며 끝으로 지금까지 나를 사랑으로 이끌어주신 나의 어머니 김영자여사를 비롯한 가족 모두에게 감사의 말씀을 전합니다.

목차

자유주의의
가면을 벗고

자유주의의 개념

자유(liberty 또는 freedom)란 개인이 속박에서 벗어나거나 벗어나 있는 상태를 의미한다. 이것에 대한 보다 구체적인 의미에 대해서는 다양하게 생각할 수 있다. 특히 자유를 가장 폭넓게 이해하고 해석하는 자유주의 입장에서 그 의미를 자세히 알아보자.

첫째, 자유주의에서 말하는 자유는 집단이 아닌 개인의 자유를 뜻한다. 자유주의는 개인만이 궁극적 가치를 가지고 있다고 보는 개인주의를 지지한다. 따라서 자유라는 말은 국가, 민족, 계급, 회사 같은 조직이나 단체가 아닌 개인에 한해서만 사용된다. 자유는 어디까지나 개인에게 적용되며, 집단에는 해당되지 않는다.

둘째, 자유주의에서 추구하는 자유는 사회적 자유이다. 여기서 말하는 사회적 자유는 사상과 출판, 취업, 결사, 정치 참여, 종교 선택 등과 같이 개인이 사회생활을 하는 데 필요한 자유를 뜻한다. 한편, 개인의 탐욕, 미신, 무지, 강박증, 악습, 불필요한 인간관계 등과 같이 특정한 개인에게만 해당되는 문제로부터의 자유를 개별적 자유라고 한다. 개별적 자유는 개인이 해결해야 하는 사적인 영역이기 때문에 사회적 자유라고 할 수 없다. 사회 구성원 전체에게 공통적으로 해당되는 문제들에 관한 자유가 사회적 자유다.

개인의 사회적 자유를 제한하는 것은 정치권력, 재벌권력, 종교권력, 언론권력과 같은 사회적 권력이다. 따라서 자유주의에서의 자유는 사회적 권력의 부당한 침해로부터의 자유라고 할 수 있다. 밀(1806~1873)은 자유란 "의지의 자유가 아니라 시민적·사회적 자유다. 다시 말해서 사회가 개인에게 정당하게 행사할 수 있는 권력의 본질과 그 권력 행사의 한계 문제"(《자유론》)라고 정의하였다.

그런데 이러한 기준을 벗어나는 자유가 있는데, 바로 빈곤으로부터의 자유이다. 빈곤으로부터의 자유는 앞에서 거론한 개별적 자유나 사회적 자유에 모두 해당되지 않는다. 개인의 힘만으로는 해결할 수 없는 빈곤의 문제가 분명 존재하며, 그렇다고 빈곤을 사회적 권력에 의한 억압의 결과라고 할 수도 없기 때문이다. 그러나 빈곤은 분명 인간을 억압하는 중요한 사회적 요인이다.

셋째, 자유주의에서 말하는 자유는 협의의 자유뿐 아니라 생명권과 재산권을 모두 포함하는 인권 전체를 의미한다. 자유는 좁은 의미의 자유와 넓은 의미의 자유로 나눌 수 있다. 좁은 의미의 자유는 강압이 없는 자유로운 상태로, 종교의 자유나 결사의 자유 같은 선택의 자유가 여기에 해당한다. 넓은 의미의 자유는 개인의 생명과 신체, 재산 보장을 포함하는 개인의 기본권 전체를 말한다. 자유주의자들이 구체제의 강압 정치에 맞서 싸울 때 기치로 내건 자유도 이러한 넓은 의미의 자유였다. 그러나 좁은 의미의 자유는 실질적으로 넓은 의미의 자유와 동일하다. 생명과 신체와 재산에 대한 권력의 침해는 자유의 박탈로 이어지기 때문이다.

이렇듯 개인의 사회적 자유를 최우선 가치로 보는 사회사상을 자유주의라고 할 수 있다. 그런데 이렇게 단정하기에는 자유주의의 의미가 매우 폭넓고 단순하지 않다. 이 때문에 외국에서나 우리나라에서나 자유주의처럼 다양한 의미로 사용되는 이념도 드물다. 자유주의의 본고장인 서구사회에서도 보수주의자와 급진 개혁주의자 모두 자신들이 자유주의자라고 주장한다. 심지어 공산주의자들조차 자유를 보장하라고 요구한다. 우리나라에서는 혼란이 가중되어 한쪽에서는 자유주의를 부르주아들의 집단이기주의로 보고, 다른 한쪽에서는 반공주의로 보기도 한다.

이처럼 자유주의에 대한 해석이 저마다 다른 것은 자유주의가 시대와 집단에 따라 각기 다르게 해석되고 사용되었기 때문이다. 이런 혼란을 막고 자유주의의 의미를 보다 정확하게 이해하려면, 자유주의가 등장하고 발전해 온 과정을 살펴봐야 한다. 다른 사회 이념과 마찬가지로 자유주의 역시 사람의 관념이 아닌 구체적인 역사의 현장에서 형성되었기 때문이다.

12~13세기경 이탈리아에서 시작된 자본주의 경제의 발전은 르네

상스와 종교개혁, 시민혁명 등의 근대사회로의 발전 과정 중 일어난 사건들의 배경이 되었다. 또한 이런 변화의 주역인 부르주아(중소 상공인)들을 탄생시킴으로써 자유주의 발전의 토대를 마련하였다. 자유주의는 르네상스와 종교개혁, 시민혁명과 같은 서양의 근대 역사가 본격적으로 전개되면서 발달하였다. 르네상스를 지나면서 인본주의, 개인주의, 현세주의, 그리고 이성에 대한 자각, 이성을 이용한 과학의 발견, 합리적인 사고방식 등과 같은 자유주의 요소들이 출현하였다. 그리고 종교개혁을 통해 종교적 사상 및 양심의 자유, 관용, 자본주의적 윤리 등이 형성되었다.

절대군주제를 무너뜨린 시민혁명을 거치면서 폭정에 대한 저항권, 사유재산권을 포함한 개인의 기본 인권 사상, 개인의 자유와 재산을 보호하는 민주주의와 법치주의라는 자유주의 사회제도가 마련되고 발전하였다. 그런 면에서 자유주의는 인본주의, 현세주의, 개인주의, 과학적·합리적 사고, 종교 및 사상의 자유, 관용, 자본주의 윤리, 폭정에 대한 저항권, 사유재산 및 인권의 존중 등을 모두 포함하는 사상으로, 근대 서양의 사고방식을 모두 아우른다고 할 수 있다. 그리고 이를 넓은 의미의 자유주의라고 할 수 있다.

경우에 따라 자유주의는 이러한 넓은 의미의 자유주의 개념으로 사용되기도 하는데, 자유주의가 르네상스에서 시작되었다고 보는 견해가 여기에 해당한다. 그러나 이렇게 해석할 경우, 범위가 너무 넓어져서 자유주의를 다른 근대 사상과 구분하기 어렵다. 예를 들어 현세주의나 과학적 사고방식은 분명 자유주의의 기반이 되기는 하나, 자유주의만의 특별한 요소라기보다는 모든 합리적인 사고방식에 공통된 부분이라고 할 수 있다. 예를 들어 마르크스주의도 이런 사고방식을 주장한다. 따라서 우리는 다른 사상과 구분되는 좁은 의미의 자유주의, 즉 다른 서양 근대 사상들과는 다른 사상으로서의 자유주의가 무엇인지를 생각해 보아야 한다. 통상의 자유주의는 넓은 의미의 자유주의가 아니라 좁은 의미의 자유주의를 말한다.

마르크스와 같은 사회주의자나 헤겔 같은 국가주의자들과 민족주의자들을 제외하고, 베이컨이나 홉스, 로크, 흄, 벤담, 스미스, 밀, 몽테스키외, 볼테르, 칸트, 베버 등 근대 서양의 대표적인 사상가들은 대부분 자유주의자라고 볼 수 있다. 이처럼 자유주의자로 분류될 수 있는 사람이 매우 많기 때문에 이들의 다양한 주장이나 이론을 모두 수용하는 자유주의를 정의하는 것은 거의 불가능한 일이다. 따라서 역사적 관점에서 자유주의를 살펴보자. 역사적 관점에서 자유주의는 모든 개인이 절대적으로 소중하며 자유롭고 평등하다고 보는 근대 시민사상이다. 또한 불평등한 절대군주제와 신분 사회를 무너뜨린 민주주의와 법치주의를 근간으로 하는 근대 서양의 시민사회를 세운 부르주아의 건전한 시민정신이다.

근대 서양 사회는 자본주의 경제와 더불어 발전하였다. 자본주의의 발전은 서양 사회를 포괄적이고도 본질적으로 변화시켰다. 장원이라는 공동체에서 상공업을 운영하는 개인 중심의 사회로 바뀌면서 사람들의 생활양식과 사고방식도 중세의 공동체주의에서 개인주의로 탈바꿈하였다. 또한 중세의 지주 귀족 계급이 점차 쇠락하는 가운데 평민이던 중소 상공인(부르주아)들이 재력을 갖게 되면서 새로운 사회 주도 세력으로 부상하였다. 바로 이들이 서양 근대 사회의 발전을 주도한 시민 계급이다.

15-18세기는 서양에서 근대국가가 형성되던 시기다. 476년 서로마제국이 멸망하면서 중세 천 년 동안 영주들이 자신의 지역을 분할 통치하게 되어 통일된 국가가 없었다. 그러다가 이것을 통일하여 근대국가를 세운 것이 절대군주다. 절대군주들은 대략 15세기경부터 분할되어 있던 지역들을 통일하고 근대국가를 건설하기 시작하였다. 이들은 대내적으로는 지방영주들을 정복하여 국토를 통일하고, 조세 및 행정제도, 법률 등을 정비하여 근대국가의 기초를 세웠다. 그리고 대외적으로는 다른 나라들과 영토 전쟁을 하였는데, 이러한 유럽 국가들의 민족주의적 경제정책을 일컬어 중상주의라고 한다.

절대군주제가 확립되는 과정에서 부르주아들은 절대군주에게 협조하였다. 영토 및 시장 통일과 근대적 제도들이 상인들을 지방 영주들의 수탈과 복잡한 규제로부터 풀어주었기 때문이다. 한편, 부르주아들은 절대군주들이 귀족들의 세력을 약화시키는 데 큰 도움이 되었다. 이를 위해 절대군주들은 부르주아 출신들을 관료로 등용하고, 귀족이나 교회로부터 빼앗은 토지를 부르주아들에게 팔았다. 이처럼 절대군주제는 절대군주와 부르주아들이 손을 잡고 지방 귀족 세력을 축출하면서 형성되었다.

절대군주들이 통일된 근대국가를 건설한 후 부르주아들은 절대군주제에 반발하기 시작한다. 내부적으로 영토를 통일하고 대외적으로 전쟁을 하는 과정에서 군주의 권한이 절대화되고, 군주를 정점으로 귀족과 평민을 차별하는 신분 질서가 자리 잡게 되었기 때문이다. 차별적인 신분 질서 위에 세워진 절대군주제는 자유주의자들의 저항 대상이 되었다. 귀족들에게 세금을 면제하는 등 각종 특혜를 허용하는 구체제 아래 상공인과 도시 서민, 농민 중심의 평민들은 조세와 병역 부담을 비롯하여 신체 및 재산을 강탈당하고, 생명까지 위협받는 고통을 겪었다. 이처럼 정치·경제적으로 착취당할 수밖에 없는 평민에 속하는 부르주아들은 구체제에 맞서 투쟁하는 사회 계급이 되었다.

이처럼 서양에서 절대군주제에 반기를 들고 시민혁명을 일으켜 근대사회를 건설한 근대 시민 계급의 사회사상이 바로 자유주의다. 즉 자유주의란 16세기 후반과 18세기 말 사이 부르주아들이 구체제인 절대군주제를 무너뜨리고 평등하고 자유로운 근대 시민사회를 만들기 위해 전제 군주 및 귀족과 투쟁하는 시민혁명 과정에서 탄생하여 발전한 사회사상이다. 근대 서양에서 자유주의는 민주국가를 세운 근대 시민 정신으로, 정치적인 투쟁 가운데 만들어지고 발전한 정치적 이념이다.

이렇게 역사적 관점에서 보면 자유주의를 쉽게 이해할 수 있다. 모든 사람은 평등하다고 주장한 부르주아들은 평민들을 수탈하는 신분 차별을 반대하고, 절대군주의 횡포를 막기 위해 헌법과 법으로 국가 권력을 제한하는 법치주의를 주장하였다. 또한 시민이 국정에 직접 참여할 수 있는 민주주의 도입과 정부의 규제가 없는 자유시장 경제를 주장하였다. 공동체 중심의 중세 시대와 달리 각 개인이 독립적으로 운영하는 상공업에 종사했던 그들은 개인의 권리와 책임을 우선시하는 개인주의를 중시하였다. 개인의 생명과 재산, 자유 등에 대한 그들의 정당한 사회적 권리는 '자유'라는 한마디로 요약할 수 있다. 자유주의가 주장하는 자유는 단순한 자유가 아니라, 생명과 재산에 대한 권리를 모두 아우르는 개인의 기본 인권을 의미한다.

이처럼 본래의 근대 시민 정신을 일컬어 고전적 자유주의라고 한다. 고전적 자유주의는 16-19세기 구미의 민주주의, 법치주의, 자유시장 경제와 같은 근대적 사회질서를 확립하는 이념적인 토대가 되었다. 이런 점에서 자유주의는 우리나라를 비롯하여 지금의 후진국과 중진국들이 근대적인 사회질서를 확립하는 데 큰 도움이 되는 이념이다. 이들 국가들이 안고 있는 차별적인 신분제도, 강압정치, 정경 유착, 관치경제 등의 후진성을 벗어나 민주주의와 법치주의 및 자유시장 경제를 바탕으로 하는 근대적 사회질서를 구축하는 것이 그들의 당면 과제이기 때문이다.

자유주의의 인간관 : 인간의 불완전성

사회 문제를 정확하게 파악하기 위해서는 인간 본성에 대한 이해가 필수적이다. 인간의 개인적·집단적 행동에 의해 모든 사회현상이 생겨나기 때문이다. 따라서 인간에 대한 정확한 이해를 바탕으로 하지 않는 이론은 사회 문제에 대한 바른 해답을 제시할 수 없다. 그런 점에서 자유주의는 기초가 탄탄하다고 할 수 있다.

자유주의의 모든 주장은 '모든 인간은 불완전하다'는 인간관을 기초로 한다. 인간은 동물과 달리 이성과 양심을 갖고 있는 위대한 존재라고 자부하지만, 밀과 하이에크의 지적대로 인간은 불완전하기 짝이 없는 존재다(《자유론》).

인간의 불완전성은 인식과 윤리적 측면에서 볼 수 있다. 인식에 있어서의 불완전성은 인간이 생각에서 오류를 범할 수 있음을 의미한다. 하이에크의 주장대로, 인간은 사고 능력이 불완전하고 정보도 부족해서 사실을 잘못 인식하거나 예측할 위험이 높다. 인식뿐 아니라 품성도 불완전한 인간은 자신의 욕심에 눈이 멀어 다른 사람에게 부당한 피해를 줄 수 있다. 사실 인식의 불완전성보다 이것이 더 심각한 문제라고 할 수 있다. 또한 스미스의 지적처럼, "우리 안에는 양심이라는 공정한 판사가 있으나 이기적 욕망이라는 폭력과 불의로 인해 변질될 수 있기 때문에, 종종 사실과 전혀 다른 보고서를 제출하고 싶은 유혹에 빠진다"(《도덕감정론》). 이처럼 인간이 인식과 윤리적 측면에서 불완전한 것을 인간의 이중적 불완전성이라고 한다.

이중적 불완전성은 자유주의의 모든 주요 이념의 기본 전제다. 예를 들어 자유주의가 사상과 비판의 자유를 보장하는 것은 누구나 과오를 범할 수 있으므로 이를 바로잡기 위해서이다. 정부 권한에 대한 규제나 계획경제에 대한 반대, 법치주의 보장도 인간의 불완전성에 대한 이해를 바탕으로 세워진 제도들이다. 정치 권력자들도 불완

공존과 상생을 위한 하모니 리더십

전한 인간이기 때문에 정부의 권력을 엄격히 제한해야 하며, 경제계획을 세우는 정부의 관료들 역시 인식 능력이 부족한 인간이기 때문에 이들이 세운 경제계획 또한 불완전할 수밖에 없다. 누구든지 자신이 더 많은 이익을 취하기 위해 타인에게 부당한 피해를 줄 수 있으므로, 이를 막기 위한 공정한 법질서가 반드시 필요하다.

자유주의의 기본 원리

16-18세기 서양의 시민혁명을 통해 확립된 고전적 자유주의의 중요한 기본 원리들은 다음과 같다. 자유주의의 모습은 시대와 사회의 흐름에 따라 변화되었지만, 기본 원리들은 지금까지 변함없이 이어지고 있다.

만인평등(사회적 평등)

자유주의는 모든 사람은 본래적으로 평등하다는 만인평등 사상을 기초로 한다. '모든 사람은 자유롭다'는 자유주의 정신은 여기서 시작되었다. 모든 사람이 평등하여 누구도 타인의 자유를 빼앗거나 침해할 권리가 없기 때문이다. 이처럼 자유와 평등은 갈등 관계에 있지 않으며, 자유주의는 평등을 기본으로 하는 만인평등 사상에서 시작되었다. 자유주의에서 말하는 사회적 평등은 다음과 같다.

첫째로 사회적 평등은 인격과 인권에 대한 평등을 의미한다. 즉,

자유주의는 인권과 인격에 있어서 기본적으로 모든 사람이 절대적으로 평등하다고 본다. 모든 개인은 동등하게 궁극적인 가치를 가진 절대적 존재로서 모두가 완전히 평등하다. 모든 개인은 신분, 인종, 성별, 종교, 재산 등에 상관없이 모두가 그 자체로 절대적인 존엄성을 지닌 존재다. 따라서 그 누구도, 그 아무리 목적이 숭고하더라도 그것을 이루기 위한 수단으로 이용되어서는 안 된다. 전근대 사회에서는 국가, 민족, 가문과 같은 집단의 이익이나 종교 및 이념을 위해 개인이 희생되는 것을 당연한 것으로 여겼다. 이로 인해 많은 사람들이 본인의 의사와 상관없이 집단의 강요에 의해 희생되는 일이 많았는데, 자유주의의 만인평등 사상은 이것을 철저히 반대한다. 만인평등은 모든 사람이 본래적으로 평등하다고 주장한다.

근대 윤리의 핵심인 인본주의는 이러한 자유주의의 평등한 인간관에서 비롯된 윤리라고 할 수 있다. "모든 인격을 수단이 아닌 목적으로 대하라"는 칸트의 말은 이러한 정신을 잘 보여준다. 이것은 개인의 기본권이 절대적이라고 주장하는 개인주의와 상통한다. 둘 다 같은 내용을 담고 있기 때문이다. 인본주의는 2000년 가까이 인간을 하나님의 종으로 여기던 기독교적 인간관을 벗어나 인간 자체가 독자적 가치를 지닌 존재로 본다.

둘째로 자유주의는 법 앞에서 모두가 평등하다고 주장한다. 신분이나 성별, 재산과 상관없이 법 앞에서 모두가 평등함을 주장하는 근대 법치주의의 기본 사상은 자유주의의 평등사상의 또 다른 표현이다. 과거 전근대 사회에서는 신분과 재산에 따라 법적 대우가 다른 것이 일반적이었다. 절대권력을 가진 왕은 법의 구속을 받지 않았고, 귀족은 평민보다 법적으로 우대를 받았다. 이러한 법적 차별을 당연시하는 전근대적 제도를 폐지한 것이 바로 자유주의다. 법 앞에서의 평등은 인권과 인격적 평등을 법으로 보여준 것이다.

셋째로 자유주의의 평등은 기회의 균등을 말한다. 이는 교육, 취업, 공직 출마 등 모든 사회 활동에 참여할 수 있는 기회가 모두에게 동등하게 주어져야 함을 의미한다.

신분을 중시하던 구체제에서 평민이라는 이유로 차별을 받았던 부르주아들은 자신들의 자유를 억압하고 제한하던 신분의 굴레를 벗어나기 위해 만인평등의 자유주의를 내걸고 왕과 귀족에 맞서 싸워 승리하였다. 그리고 그 결과 만인평등 사상이 실제로 적용되는 사회가 되었다. 지금은 만인평등을 당연한 것으로 여기지만, 모든 인간이 동등하게 대접받게 된 것은 자유주의가 제도화되어 실행된 후부터다. 즉 서양은 불과 200~300년의 일이고, 우리나라는 겨우 70여 년 전에 시작되었다.

인류가 국가를 세운 이후 수천 년간 인간의 평등을 주장한 종교나 사상은 있었지만, 그것은 일부의 주장이었을 뿐이었다. 현실에서는 신분이나 인종, 성별, 종교 등을 이유로 차별하는 일이 당연시되었고, 그 결과 절대 다수의 사람들이 인간다운 대접을 받지 못하였다. 이러한 오랜 편견과 악습을 폐하고 만인평등 사회를 처음 실현한 것이 바로 자유주의다. 우리나라만 해도 100년 전 조선 시대나 불과 70여 년 전 일제 강점기에 천민이란 이유로, 또는 여자라는 이유로 많은 이들이 심한 차별을 당하였다. 그런데 불과 몇 십 년 사이 지금과 같이 자유와 평등이 보장된 사회로 변화된 것만 봐도 만인평등을 주장하는 자유주의 사상이 얼마나 강한 생명력을 가졌는지 알 수 있다.

그런 면에서 서양과 동양이 다른 것이 아니라 근대와 전근대가 다르다고 할 수 있다. 여기서 근대와 전근대를 나누는 핵심 기준은 바로 만인평등 사상으로 대표되는 자유주의 정신이라고 할 수 있다. 누군가는 서양 문화는 기본적으로 만인평등과 개인주의를 바탕으로 하고, 동양은 차별과 공동체 정신을 바탕으로 한다고 하는데, 이는 잘못된 주장이다. 자유주의가 확립되기 전에는 서양도 동양과 다를 바 없이 개인주의나 평등사상이 없었고, 신분 차별도 극심했다. 이에 맞서 일어난 것이 바로 시민혁명이었다. 자유주의의 만인평등 사상은 인류 역사상 가장 중요한 사상이자 근대정신의 핵심이라고 할 수 있다.

한편 자유주의에서 주장하는 평등이 완벽하고 할 수는 없다. 기본적인 인권과 법 앞에서의 평등에 대해서는 문제가 없으나, 기회균등의 평등은 모호한 면이 있다. 직업 선택과 같은 경우, 실질적으로 부모의 학력과 재산과 사회적 지위 등 개인의 배경이 결정적인 영향을 주기 때문이다. 이것은 경제적 분배의 평등 문제와도 연결된다. 자유주의는 기본적으로 이 문제에 대해 보수적인 입장을 취하고 있다. 특히 부르주아들의 사상이었던 고전적 자유주의는 빈곤을 개인의 책임으로 보았다. 이처럼 분배의 불평등 문제는 자유주의의 치명적인 취약점이라고 할 수 있다.

개인주의

자유주의는 개인의 자유 보장을 사회 운영의 기본 목표로 보기 때문에, 개인주의는 자유주의의 가장 기본이 되는 이념이다. 개인주의는 구체적 인간인 개인만이 궁극적인 가치를 지니고, 그 외의 국가나 조직(단체, 집단), 계급, 이념 등은 오직 개인의 행복을 증진시키는 수단으로서만 가치를 지닌다고 본다. 따라서 개인을 수단화하여 국가나 조직 등을 위해 희생시키는 것을 반대한다. 그런 면에서 자유주의는 집단을 위해 얼마든지 개인이 희생될 수 있다고 생각하는 전체주의를 반대한다. 크게 보면 한 사람의 목숨보다는 여러 사람의 목숨이 더 중요하다고 할 수 있다. 그러나 집단이 중요한 것은 집단 자체가 아닌 거기에 속한 사람들이 소중하기 때문이고, 사람들이 소중한 것은 개인 한 명 한 명이 소중하기 때문이다.

개인주의는 집단이나 타인이 아니라 자신을 우선시한다. 즉 개인주의는 자기중심적인 생활 혹은 자기애를 당연하다고 여긴다. 이처럼 자유주의가 자기중심적인 사고방식을 좋게 평가한 것은 인간 역사에 있어서 코페르니쿠스적인 대전환이라고 할 수 있다. 그전까지만 해도 동서양 모두 남을 위해 개인을 희생하는 이타심을 바람직한 것으로 보고, 자기중심적인 태도는 윤리적이지 못하고 성숙하지 못한 것으로 평가되었다. 이것은 인류가 오랫동안 공동으로 생산하고 소비하는 삶을 살았기 때문이다. 공동체 생활에서 전체의 안위를 해치는 개인은 비난을 받을 수밖에 없었다. 그러나 이런 전통적인 윤리관은 자본주의 사회에는 맞지 않는다.

자본주의 경제 속 상공업자들은 자신의 힘으로 스스로 책임을 지며 살아야 했기 때문에 공동체보다 자신의 이익을 생각하는 것이 자연스러운 일이었다. 개인주의는 이처럼 개인이 기업을 운영하며 독립적으로 살아가는 중소 상공인들의 생활관을 반영한 것이다. 이와 같이 중세 봉건 사회에서 자본주의 사회로 변화되면서 공동체 중심의 윤리가 개인 중심의 윤리로 바뀐 것은 경제 변화에 따라 윤리, 정치, 문화 등 모든 비경제적 부문들까지 변화될 수밖에 없음을 보여주는 대표적인 예이다.

개인주의는 종종 이기주의와 동일시되어 비난을 받는데, 이기주의와는 근본적으로 다르다. 이기주의가 남에게 피해를 입히는 것을 개의치 않고 자신의 이익을 추구하는 무분별한 탐욕이라면, 개인주의는 다른 사람의 권리를 존중하고 남에게 피해를 주지 않는 선에서 자신의 이익을 추구하는 것을 말한다. 로크는 타인의 생명이나 자유, 재산을 침해하지 않는 것이 자연법이라고 하였고, 스미스는 자기중심적인 생활을 존중하되 인간의 탐욕이 반드시 공정한 법에 의해 제한되어야 함을 주장했으며, 밀은 다른 사람에게 피해를 주지 않는 선에서 자유를 허용하는 것을 자유주의의 원칙이라고 강조하였다.

고전적 자유주의는 자유방임주의라고도 하는데, 이것을 문자대로 해석해서 자유주의가 아무 기준 없이 무제한적으로 자유를 허용한다고 보는 것은 오해다. 공정한 규칙(법)은 자유주의의 필수적인 요건이다. 공정한 규칙이 없으면 누구도 진정 자유로울 수 없는 약육강

식의 무법천지가 되기 때문이다. 자유주의가 주장하는 자유는 무제한적인 자유가 아니라, 모든 사람에게 동일하게 적용되는 공정한 규칙 안에서의 자유이다. 스미스의 주장대로 우리의 양심은 종종 탐욕 앞에서 무너질 수 있으므로, 타인에게 부당한 피해를 주지 않도록 규제하는 공정한 규칙(법)이 필수적이다(《도덕감정론》). 공정한 질서가 없는 무법천지에서는 누구도 자유로울 수 없기 때문에 자유는 언제나 공정한 질서 위에 보장되어야 한다. 로크의 주장대로, "법이 없으면 자유도 없다."

이런 의미에서 오위켄으로 대표되는 제2차 세계대전 직후 서독에서 태동한 질서자유주의뿐 아니라 모든 자유주의가 질서자유주의라고 할 수 있다. 공정한 법(규칙)과 이것을 지키는 준법정신은 자유주의의 필수 요건이다. 따라서 법의 공정성과 공정한 집행을 의미하는 법치주의는 자유주의의 원리이면서 또한 이를 실현하는 사회질서이다. 법치주의가 없이는 누구도 진정 자유로울 수 없다.

독립심과 자기 책임

타인에게 의존하지 않고 자기 힘으로 자신의 삶을 책임지는 독립심은 개인주의에 입각한 자유주의의 귀중한 덕목이다. 이러한 자기 책임의 원리는 개인주의를 기반으로 하는 사고방식이다. 자유주의는 개인의 삶에 다른 사람이나 국가가 간섭하는 것도 반대하지만, 개인이 국가나 타인의 지원을 바라지 않고 각자 자기 권리와 책임 아래 살아가는 것을 바람직한 것으로 여긴다. 경제생활에 있어서 스스로 책임지는 독립적인 정신이 자립심이다. 자유주의의 기본 원칙은 자신과 가족의 생계를 어느 누구의 도움도 받지 않고 스스로 책임지는 것이다.

독립성의 원칙에서 자신의 행동 결과를 본인이 감당하는 것은 매우 자연스럽고 당연한 일이다. 사유재산제도의 정당성은 이처럼 개인이 노력해서 얻은 성과를 자신이 취하는 원칙에서 얻어진 것이다. 자신의 노력이나 재산을 통해 얻은 것이 사유재산이기 때문이다. 또한 자신의 잘못으로 인한 손해는 본인이 책임져야 한다. 이런 태도는 자본주의 사회에서 독립적으로 개인의 노력과 책임 아래 사업을 하며 살아가는 부르주아의 생활상을 보여준다.

이러한 독립과 자립의 원칙은 이웃에 대한 배려가 약화되어 인간소외로 이어질 수 있는 우려가 있다. 그럼에도 불구하고 독립과 자립 정신은 근대 시민사회의 발전에 있어서 매우 중요한 기초가 되었다. 경제적 자립정신은 근대 자본주의 경제발전의 밑거름이 되었다. 개인들이 다른 사람이나 국가의 도움을 기대하지 않고 자립적으로 열심히 일하고 저축하게 한 주요 요인이 되었기 때문이다. 정치적 독립정신은 민주주의 발전의 초석이 되었다. 그 누구의 지배도 받지 않고 스스로 주인이 되어 다스리겠다는 정치적 독립심이 민주주의로 이어졌기 때문이다.

개인의 독립심과 자립심은 체제를 떠나 모든 사회의 성장과 발전에 필수적이라고 할 수 있다. 독립심과 자립심이 있어야 개개인이 최선을 다해 자신의 책임을 다하기 때문이다. 반대로 독립심과 자립심이 없으면 스스로 책임지고 최선을 다하기보다는 타인이나 국가의 도움을 바라는 의타심이 생기고, 의타심은 게으름과 불만과 분쟁으로 이어질 수 있다.

오늘날 우리 사회에 가장 부족한 것 중 하나가 자립심이다. 현재 우리나라의 현실을 보면 예술협회, 협동조합, 교원단체, 노동자, 농민, 소상공인 모두가 국가의 지원을 당연하게 생각한다. 언론을 비롯하여 지식인들까지 문제만 생기면 정부의 책임을 묻고, 정부는 모든 문제를 자신들이 책임지고 자신들이 모든 문제를 해결할 수 있는 것처럼 말한다. 그러나 개인의 일은 개인이 해결하는 것이 기본적인 원칙이다. 정부의 지원을 바라는 것은 국민들이 낸 세금을 공짜로 달라는 셈이므로, 전체 국민의 돈을 개인에게 달라고 하는 것과 같다. 누구도 다른 사람에게 돈을 달라고 당당히 요구할 수는 없다. 모든 국민이 이런 의타심을 버려야 우리 사회가 한층 더 성장하고 발전할 것이다.

사상과 비판의 자유

우리의 모든 행동이 생각에서 나오기 때문에 생각의 자유를 보장하는 것은 매우 중요하다. 자유 중에서 최초의 투쟁의 대상은 종교개혁과 그로부터 촉발된 종교 전쟁의 타겟이 된 신앙과 양심의 자유다. 신교도들은 인간의 신앙과 양심이 어떤 권력으로도 억압되어서는 안 된다는 생각에서 가톨릭에 맞서 싸워 신앙과 양심의 자유를 얻었다. 그리고 이것은 사상의 자유로 이어졌다.

생각은 표현될 때 비로소 사회적 의의를 지니게 되므로, 생각의 자유는 그것을 표현하는 언론과 출판의 자유로 연결된다. 언론과 출판의 자유는 또한 토론(비판)의 자유로 이어지는데, 자유주의자들은 이것을 매우 중요하게 보았다. 비판의 자유가 중요한 이유는, 그것이 인간의 잘못을 사전에 막고 시정하기 때문이다. 모든 인간은 인식적·윤리적으로 불완전하기 때문에 누구나 잘못을 저지를 수 있다. 이러한 인간의 잘못을 바로잡을 수 있는 유일한 길이 바로 자유로운 비판이다. 권력자의 횡포를 견제하고, 잘못된 생각(이론, 주장 등)을 바로잡는 것도 모두 비판의 자유가 보장될 때에만 가능하다. 밀이 지적한 것처럼, 자유로운 비판과 토론 덕분에 인간이 저지르는 실수를 예방하거나 시정할 수 있다.

"인간은 토론과 경험 덕분에 자신의 과오를 시정할 수 있다. 경험만으로는 충분하지 않다. 과거의 경험을 올바르게 해석하기 위해서는 토론이 반드시 필요하다. 잘못된 생각과 관행은 사실과 논쟁 앞에서 점점 그 힘을 잃어버린다"(밀, 〈자유론〉).

특히 권력에 대한 비판은 사회가 발전하는 데 결정적인 역할을 한다. 극소수의 예외가 있기는 하나, 권력자들 모두가 이기적이고 불완전한 인간이므로 공개적인 비판이 없으면 권력은 반드시 변질되기 마련이다. 절대권력은 절대 부패한다. 따라서 사회의 번영과 발전은 정치체제의 민주주의냐 아니냐의 여부보다, 권력에 대한 자유로운 비판이 가능하냐에 달려 있다고 할 수 있다. 꼭 민주주의가 아니더라도 권력자에 대한 자유로운 비판이 가능한 국가는 발전하고, 민주주의 국가라도 비판의 자유가 보장되지 않으면 몰락의 길을 갈 수 있다.

공존과 상생을 위한 하모니 리더십

예를 들어 민주주의가 아닌 절대군주 국가였던 조선의 경우, 상소라는 비판제도가 제대로 기능했던 조선 초기에는 경제와 문화 모두 발전하였다. 그러나 미련한 왕과 부패한 권문 세도가들에 의해 공개적 비판이 금지되었던 조선 중기 이후에는 조정의 부패로 백성의 삶이 도탄에 빠져 결국은 망국의 길을 가게 되었다. 소련과 동구 사회주의 국가들이 패망한 것도 비판의 자유가 보장되지 않아 권력이 부패한 것이 주요 요인이었다고 본다. 정치체제와 상관없이 비판의 자유가 보장되지 않으면 권력이 부패하여 국가가 쇠락의 길로 간다는 사실은 변치 않는 동서고금의 진리일 것이다.

비판은 잘못을 바로잡고 예방하는 소극적 기능만 아니라 발전의 원동력이라는 적극적 기능도 담당한다. 개인과 집단, 사회와 학문 등 모든 분야의 발전은 현실에 대한 비판, 즉 현실의 문제점을 발견하고 지적하는 것에서 시작된다. 근대 서양에서 과학이 눈부시게 발전할 수 있었던 가장 큰 이유는 토론회나 학술 잡지 같은 공개 토론의 장이 제도적으로 보장되었기 때문이라고 생각한다. 현대 자유주의 철학자 포퍼의 비판적 합리주의가 주장하는 바와 같이, 인간은 인식적 불완전성으로 인해 늘 잘못을 범할 가능성이 있다. 그리고 진리는 영원히 알 수 없는 것이나, 끊임없는 비판을 통해 점차 오류를 극복하여 진리에 점진적으로 다가갈 수 있을 것이다.

관용

관용과 비판의 자유는 동전의 양면과 같다. 타인의 생각과 행동이 나와 다를 수 있음을 서로 인정할 때, 자유로운 비판이 가능하기 때문이다. 또한 사람마다 종교나 가치관이 다르기 때문에 자기와 다른 종교나 가치관을 인정하는 관용은 평화로운 사회를 조성하는 데 필수적이다. '화이부동'(和而不同)이라는 공자의 말씀도 관용과 같은 의미라고 할 수 있다.

사람마다 서로 다른 생각과 재주를 가지고 있기 때문에, 혼자보다는 여러 사람이 함께 사는 것이 모두에게 유익하다. 하이에크가 말한 대로, 위대한 사회에서는 개인들의 목표가 서로 '다름에도 불구하고'가 아니라 '다르기 때문에' 구성원들이 서로 도움을 주며 더불어 살아갈 수 있다. 미국의 대표적인 자유주의 철학자인 롤즈 또한 다양한 가치관을 인정하는 관용을 그의 정치적 자유주의의 주요 이념으로 삼았다. 그에 따르면 관용 정신은 종교개혁 이후 16-17세기에 유럽에서 신교와 구교 사이에 일어난 종교 전쟁을 통해 얻게 된 종교적 관용에서 시작되었다.

관용을 다르게 표현하면 다원주의라고 할 수 있다. 관용이 실현되기 위해서는 관용의 정신으로 다른 사람의 가치관을 수용하고 인정하는 다원주의를 받아들여야 한다. 왈쩌의 주장대로, 자유주의 사회는 민주주의와 함께 관용의 정신을 받아들이는 집단으로만 구성되어야 할 것이다.

본래 자유는 원치 않는 속박으로부터의 자유를 의미한다. 그러나 이것을 적극적으로 해석해서 자신이 바라는 바를 이룰 수 있는 자유로 확대되었다. 20세기의 대표적인 자유주의 철학자 벌린은 전자를 소극적 자유, 후자를 적극적 자유라고 하였다. 자유주의는 소극적 자유를 보장받는 것을 목표로 하였으며, 소극적 자유만이 관용과 함께할 수 있다. 반면에 적극적 자유는 관용과 함께하기 힘들다. 벌린의 주장대로, 사회주의나 민족주의, 전체주의는 대부분 경제적인 평등, 민족정신, 사회 전체의 복지와 같은 적극적인 자유를 추구하는데, 이것은 가치의 다양성을 보장하지 않는 관용 없는 억압적인 주장이라고 할 수 있다. 이러한 이유로 자유주의가 주장하는 자유는 적극적인 자유보다는 소극적인 자유로 볼 수 있다.

열린 마음을 가진 사람만이 건전한 비판을 하고 관용을 베풀 수 있다. 여기서 말하는 열린 마음이란, 밀이 말했듯이 자신의 생각이 틀릴 수 있음을 인정하고 다른 사람의 말, 특히 자신의 생각과 다른 사람의 말을 들을 수 있는 자세를 말한다. 요즘 인터넷 댓글에서 자주 볼 수 있듯이 남을 비방하는 일은 증오만 낳고, 자신의 인성마저 황폐화할 뿐이다.

"어떤 사람의 판단이 신뢰할 만한 가치가 있다고 느껴지는 경우, 대체 무엇 때문에 그렇게 느껴지는 것일까? 그것은 그가 늘 겸허하게, 즉 완전히 열린 마음으로 자신의 의견이나 행위에 대한 비판을 수용하였기 때문이다"(밀, 〈자유론〉).

자유주의의 한계, 그리고

공존과 상생의 원리

자유주의 비판

자유주의 역시 다른 이념과 마찬가지로 다양한 비판을 받아 왔다. 자유주의에는 계급성과 반동성이 있으며, 경제적 자유주의가 지지하는 자유방임의 자본주의는 빈부의 격차, 불황과 실업, 환경오염, 인간소외, 도덕 불감증 등 다양한 자본주의의 폐해를 안고 있다. 이런 이유로 그동안 자본주의 경제는 개입주의 경제정책과 자유방임 경제정책을 교차적으로 펼쳤다. 자유주의의 한계는 이 외에도 여러 가지가 있는데, 이것을 살펴보기 전에 자유주의에 대한 비판을 고찰해 보자.

자유주의와 궁극적 가치

인간이 추구해야 할 가치를 제시하지 않는 자유주의 안에서는 사람들이 가치 상대주의나 허무주의에 빠져 공허함 가운데 방황하게 될 위험이 높다. 자유란 자신이 선택한 목표를 추구하는 수단이기 때문에, 자유주의는 인생의 목표를 제시하기보다는 스스로 찾도록 개인의 자유에 맡긴다. 이러한 이유로 종종 주어진 자유를 주체하지 못해 방황하거나 방탕한 생활, 나태, 허무에 빠지는 사람들도 적지 않다. 사람에게는 자유를 가지고 이루고자 하는 목표가 있어야 하는데, 자유가 그것을 제시해주지는 않는다.

이러한 한계는 자유주의의 약점이기보다는 오히려 장점이라고 할 수 있다. 이 한계 덕분에 문명사회에 필수적인 가치 및 문화적 다원주의가 가능하기 때문이다. 자유주의의 주장대로 타인에게 부당한 피해를 입히지 않는 선에서 다양하고 자유로운 가치관을 인정하는 다원주의는 사회의 평화와 발전에 필수적이다. 사람마다 생각이 다른 것은 당연하기 때문에, 롤즈의 지적처럼 다양한 가치관을 받아들이는 다원주의는 다양한 사람들이 평화롭게 어울려 살아가는 민주 사회의 필수조건이다. 또한 사람마다 목표와 가치관과 취향이 다른 것은 사회 모든 구성원에게 이익이 되기도 한다.

하이에크(1899-1992)의 말처럼 "위대한 사회에서는 개인들의 목표가 서로 다름에도 불구하고가 아니라 서로 다르기 때문에 다양한 구성원들이 서로의 노력 덕분에 이익을 얻는다." 사회 구성원들의 목표가 서로 다르기 때문에 다양한 직업이 있고, 그 덕분에 분업과 교환이 가능해져서 개인이 독립적으로 살 때보다 훨씬 더 풍요로울 수 있다. 이런 경제적 이유를 떠나 다양성은 문화 발전의 핵심 요인이라고 할 수 있다.

인류 문화가 눈부시게 발전할 수 있었던 이유는 사람과 시대와 나라에 따라 다양한 생각이 공존했기 때문이다. 문학, 미술, 음악, 연극 등 모든 예술은 주로 자유가 보장된 사회에서 발전하였다. 그러나 획일적인 생각을 강요하는 전체주의적인 사회에서 문화는 단조로움을 면치 못했다. 자유주의가 자리 잡은 근대 이후의 예술은 그 전 시대에 비해 훨씬 다채롭게 발전하였다. 인생의 목표는 개인이 자유롭게 찾는 것이 마땅하다. 다양성을 인정하지 않고 특정 가치만을 강요하는 획일적인 사회는 삭막할 뿐만 아니라 정체와 퇴행에 빠질 것이다. 그런 의미에서 자유주의가 개인에게 삶의 목표를 제시해 주지 않는 것은 자유주의의 한계라기보다는 오히려 장점이라고 할 수 있다.

사회주의자들의 비판

자유주의에 대해 가장 강력하게 비판하는 이들은 바로 사회주의자들이다. 사회주의는 자유 대신에 평등의 원리를 주장한다. 자유주의도 만인평등을 기본 원리로 포함한다. 그런데 사회주의자들은 자유주의의 본원적 평등과 사회적·법적 평등이 형식이며, 진정한 평등이라고 할 수 있는 분배의 평등이 빠져 있다고 비판한다. 이에 맞서 자유주의자들은 기회의 평등이 보다 본질적인 평등이라고 주장하였다.

그러나 자유주의에서의 기회의 평등은 다소 제한적이라고 할 수 있다. 자유주의자들이 지지하는 자본주의에서의 기회의 평등이 제대로 된 기회의 평등이라고 할 수 없기 때문이다. 자본주의 사회의 분배 문제는 사회주의자뿐 아니라 양심적인 사람이라면 불공평하다고 생각할 수밖에 없다. 사회주의를 비판한 자유주의자 밀 또한 "전혀 일하지 않는 사람들에게 가장 큰 몫이, 거의 형식적으로만 일하는 사람에게 그 다음으로 많이 돌아간다. 이처럼 노동과 분배가 반비례하여 일이 힘들고 거부감이 들수록 분배는 적어져 육체적으로 가장 고되고 지치기 쉬운 일을 하는 노동자는 생존 유지에 필요한 생필품마저 구하는 것이 불분명하다"며 자본주의 경제의 분배 문제를 강력하게 비판하였다(《경제학원론》1985).

이처럼 자본주의의 불공평한 분배 문제를 비판하는 지식인들은 민주적인 정치제도와 사회주의 경제체제를 결합시킨 민주사회주의가 가장 이상적인 사회라고 생각하는 편이다. 예를 들어 애로는 민주사회주의가 이상적인 사회제도라고 하였고, 롤즈는 민주주의가 실현되면 경쟁적 시장경제와 사회주의 경제에서 분배의 정의가 실현될 수 있다고 전망하였으며, 왈쩌도 민주사회주의가 합리적인 사회체제라고 주장하였다.

그러나 불완전한 인간에게 완전한 사회주의 경제는 실현하기 힘든 제도이며, 혹여 실현되더라도 유지하기 힘든 이상일 뿐 자본주의에 대한 현실적 대안이 될 수는 없다. 붕괴된 소련과 동구의 사회주의 경제의 사례와 같이, 사람들의 윤리의식이 사회주의를 제대로 실현할 정도로 높지 않은 상태에서 사회주의를 도입하면 마르크스가 꿈꾼 지상낙원은커녕 생산성 하락과 권력투쟁, 불공평한 분배, 개인의 자유 박탈 등의 문제가 발생한다.

오늘날 경제를 보면, 어느 자본주의 국가든 사회주의적인 요소가 적지 않게 포함되어 있다. 특별히 정부가 관여하는 경제 분야가 사회주의적 부문이다. 재산 공유제와 중앙 당국의 사전 계획에 의한 경제 운영이 대표적인 사회주의 경제의 특징인데, 자본주의 국가에서도 정부가 추진하는 사업들은 이 두 가지 특징이 모두 포함되어 있다. 정부의 재산은 공유 재산이기 때문에 정부의 모든 활동은 사전에 세운 예산 계획에 따라 운영된다. 다시 말해서 자본주의 국가에서도 민간 부문만 자본주의 방식을 따를 뿐, 정부 부문은 사회주의 방식을 따라 운영되고 있다.

제2차 세계대전 이후 빈부격차와 불황, 환경 파괴, 공공재 부족 등 시장경제의 부작용과 한계를 보완하기 위해 정부의 역할이 확대되었다. 이로 인해 총 국민소득 중 정부 부문이 차지하는 비중이 점차 커져 현재 서구는 40퍼센트가 넘고, 우리나라와 일본도 30퍼센트를 차지한다. 이처럼 오늘날 자본주의 국가들은 100퍼센트 자본주의라기보다는 상당 부분 사회주의적 요소가 가미된 혼합경제·수정자본주의경제라고 할 수 있다. 사회주의 경제는 자본주의 경제의 완전한 대안이 될 수는 없지만, 현실적으로 모든 나라에서 부분적으로 그 필요성이 인정되어 반영되고 있는 실정이다. 이런 점에서 자유주의에 대한 사회주의자들의 비판은 상당 부분 수용되어 현실 경제에 적용된다고 볼 수 있다.

공동체주의자들의 비판

자유주의에 대한 비판 중에는 공동체주의가 있다. 근대 자본주의 상공업자들의 세계관을 개인주의라고 한다면, 자본주의 이전 공동체 시절의 세계관은 공동체주의라고 할 수 있다. 동서양을 구분할 것 없이 자본주의가 등장하기 전 대부분의 사람들은 농사를 지으며 마을이나 대가족과 같은 공동체를 이루어 살았다. 이때는 공동체 구성원들의 단합과 협력이 생산에 필수적이었다. 이처럼 모든 개인이 공동체에 소속되어 살았기 때문에 자기 자신만이 아니라 타인을 배려하는 공동체 윤리가 자연스럽게 발달하였다. 이런 사회에서 공동체를 경시하고 개인의 이익을 추구하는 개인주의적인 행위는 공동체의 발전과 안전을 깨뜨리기 때문에 용납될 수 없는 문제였다.

이후 공동체 사회가 개인이 자율적으로 이윤을 창출하는 자본주의 사회로 변화되면서, 공동체주의는 개인주의로 대체되었다. 자본주의 사회에서는 개인이 공동체에 속한 존재가 아니라 각자 경제활동을 하는 독립적인 개인으로 살아가기 때문이다. 공동체주의가 공동체 사회를 위한 윤리라면, 개인주의는 자본주의 상공업 사회에 적절한 윤리이다.

자유주의에 대한 공동체주의자들의 비판을 정리한 왈쩌는 그들의 주장을 두 가지로 요약했다. 그중 첫 번째는 자유주의에서 발전한 개인주의로 인해 근대사회에서 인간소외 문제가 발생하고 있다는 지적으로, 젊은 시절 마르크스의 주장이 가장 대표적인 예다. 두 번째는 근대사회에서 사람들이 맺는 관계가 개인의 자발적인 선택에 의한 것뿐 아니라 가족과 같은 비자발적인(공동체적인) 관계도 있기 때문에 사회를 개인주의적인 입장에서만 볼 수 없다는 것이다. 왈쩌의 지적처럼 이 두 가지 비판은 논리적으로는 동시에 성립할 수 없다. 만일 첫 번째 주장대로 현대 사회가 모두 개인주의 사회라면, 두 번째 주장과 같은 비자발적인 관계는 불가능하기 때문이다. 그런데 현실적으로 이 두 가지 지적은 모두 적절하다고 할 수 있다. 현대 사회가 전적으로 개인주의적인 자본주의만 아니라, 과거의 공동체적인 요소들이 공존하기 때문이다.

공동체주의자들의 비판 중 첫 번째는 자본주의 사회에서의 인간소외 문제를 지적하고, 두 번째는 인간의 사회성을 지적하는 것이라고 볼 수 있다. 사람들 간의 관계는 인간의 사회성으로 확대해석할 수 있기 때문이다. 이와 같이 개인주의에 대한 공동체주의의 비판의 핵심은 자본주의 사회에서의 인간소외 문제를 놓치고 있다는 것과 인간의 사회성을 간과하고 있다는 것 두 가지이다.

잠시 공동체주의자들이 제기한 인간소외의 문제에 대해 살펴보자. 타인에게 부당한 피해를 주지 않는 선에서 개인의 행복과 이익을 추구하는 개인주의에서 다른 사람을 해치지 말라는 소극적인 윤리를 도출할 수 있다. 이런 개인주의를 기초로 근대 자본주의 사회는 전에는 볼 수 없었던 눈부신 경제발전을 이루었다. 자본주의 경제 아래 상공인들은 서로 부당한 피해를 주지 않되, 그렇다고 다른 사람을 돕지도 않으면서 각자의 행복을 위해 열심히 일하여 돈을 벌어 저축하고, 투자하고, 새로운 기술을 개발하면서 경제발전을 이끌었다. 이러한 경제발전 속에서 민주주의와 법치주의, 그리고 뛰어난 근대 과학

문명과 문화가 빛을 볼 수 있었다. 이런 개인주의는 다른 사람에게 의지하지 않고 스스로의 힘으로 독립적으로 살아가는 자본주의 상공인들에게 당연한 것이었다.

한편 개인주의는 자본주의 사회에서 인간소외 문제를 해결하기보다는 조장한다고 볼 수 있다. 인간소외란, 사람 사이에 진정성 있는 만남이 소멸되는 현상, 사람이 사람을 단지 수단이나 경쟁상대로 여김으로써 인간적인 교류가 단절되어 따뜻한 정이 오가지 않는 현상, 그로 인해 다른 사람과의 만남이 고통스럽거나 아무 의미가 없어지는 현상이라고 할 수 있다.

이처럼 인간소외 문제가 발생하는 것은 개인주의 때문이라기보다는 자본주의 사회 그 자체가 원인이라고 할 수 있다. 자본주의 사회에서는 사람들이 진정성 있게 만나기 어렵기 때문이다. 물론 자본주의 사회에서도 가족이나 친구 같은 인간관계가 있는데, 이는 자본주의적인 인간관계라기보다는 공동체적인 인간관계라고 할 수 있다. 자본주의에 존재하는 인간관계는 다음의 세 가지로 정리할 수 있다. 첫째는 경제적 이해관계가 맞아서 거래하는 관계이고, 둘째는 적대적인 경쟁관계, 셋째는 전혀 아무 관계가 없는 완전히 단절된 관계이다.

자본주의 경제에서 서로 경제적 이해관계가 맞으면 자본주의적 거래, 즉 고용이나 매매, 금전 차입과 같은 경제적 거래 관계가 성립된다. 이러한 거래는 서로에게 경제적 이익을 안겨준다. 하지만 이런 거래 관계는 단지 경제적 이익을 취하기 위한 거래일 뿐 인간 대 인간의 만남은 아니다.

또한 자본주의 시장경제에는 늘 경쟁자가 존재한다. 경쟁이 효율성을 가져다주기는 하지만, 경쟁자는 상대에게 피해를 주기 마련이다. 경쟁자는 경쟁 상대의 이익을 감소시키거나 손해를 끼치고, 아예 돈 벌 기회를 가로챌 수도 있다. 경쟁 기업은 상대 기업의 고객을 빼앗아 가거나 상품의 가격을 낮추도록 강제하고, 제품의 품질을 향상시키기 위해 더 비싼 부품을 사용하게 만든다. 이것은 경쟁 관계에 있는 근로자들 사이에서도 다를 바 없다. 경쟁 관계에 있는 근로자들은 자신의 요구를 양보할 수밖에 없다.

위의 두 가지를 제외하면, 자본주의 사회에서는 서로 완전히 단절된 관계, 교류가 전혀 없는 완전한 타인인 관계만 남는다. 서로 거래하거나 경쟁할 필요가 없으면, 결국 아무런 관계도 없게 되는 것이다. 무한경쟁의 자본주의 경제에서 대부분의 인간관계가 여기에 속한다. 이와 같이 자본주의 사회에서 타인은 경제적 이익을 얻기 위한 수단이거나 적이거나 아니면 아무 관계가 없는 존재일 뿐이므로 자연스럽게 인간소외가 발생하게 된다.

자유주의의 개인주의가 오늘날 자본주의 사회에서 부각되는 인간소외 문제를 놓치고 있다는 공동체주의자들의 지적은 반드시 짚고 넘어가야 할 부분이라고 할 수 있다. 이 문제를 해결하려면 개인주의를 보완하는 다른 장치가 필요하다.

공존과 상생을 위한 하모니 리더십

공동의 갈등 문제

공동체주의자들이 비판한 인간의 사회성은 다음과 같다. 과거 공동체 사회의 윤리를 회복할 것을 주장하는 공동체주의는 인간의 사회성을 강조한다. 그런 면에서 사회주의도 공동체주의에 포함된다.

개인주의가 인간의 개인성을 중시한다면, 공동체주의는 인간의 사회성을 더 중요하게 여긴다. 모든 개인은 개인성(개체성)과 함께 사회성을 지닌다. 모든 개인이 사회의 일원으로 살아가기 때문이다. 개인성은 독립된 개체로서 그 누구와도 다른 개인의 존재성을 의미한다. 이러한 개인성은 자신 외에는 대신할 사람이 없다. 개인의 생명과 육체, 성품, 감정은 가족과도 별개인 독립된 것으로, 그 누구도 대신해 줄 수 없는 오직 본인 스스로 감당해야 하는 몫이다. 따라서 모든 생활에서 자신은 스스로 지켜야 한다. 이처럼 개인주의는 개인의 개체성을 중요하게 여기는 입장인데, 개인의 개체성에서 볼 때 이것은 당연하다. 한편으로 모든 인간은 다른 사람과 어울려 살아가는 사회성을 가지고 있다. 자본주의 사회도 하나의 사회이기 때문에 모든 개인은 사회를 이루는 일원으로 살아간다. 사회가 있기 때문에 개인의 생활도 있고, 더불어 살아가는 가운데 보람과 기쁨을 느낄 수 있다. 이처럼 인간의 사회성을 볼 때, 개인주의의 한계는 분명해진다. 개인주의는 인간의 사회성을 놓치고 있다.

인간의 사회성을 보여주는 대표적인 예로 공동의 문제를 들 수 있다. 개인의 힘으로 해결하기 어려운 문제를 통틀어 공동의 문제(공동의 사회 문제)라고 해보자. 사회 문제는 개인이 결정(선택)하는 것과 사회 구성원이 공동으로 결정(선택)해야 하는 것으로 나눌 수 있다. 전자는 진로나 종교 선택처럼 개인이 결정하는 문제이며, 후자는 개인을 넘어 다수의 사람들이 공동으로 해결해야 하는 문제이다. 경제학에서는 후자를 일컬어 사회적 선택(집단적 선택 또는 공공 선택)의 문제라고 한다. 종교나 직업의 선택, 물건 구매 등은 개인이 독자적으로 선택하는 문제이다. 반면에 사회적 선택으로만 해결할 수 있는 문제들도 많은데, 이것을 공동의 문제라고 한다.

시대나 체제를 초월하여 모든 문명사회가 안고 있는 공동의 문제에는 사회질서 유지(국방, 치안, 사법)와 공공시설(교통, 통신, 상하수도 등) 건설, 교육 공급, 계급 갈등 완화, 최소한의 사회 보장 등이 있다. 과거 봉건 경제나 오늘날 사회주의 경제와 달리 자본주의 경제에서 유독 심각하게 부각되는 자본주의의 실패에 대한 대처도 공동의 문제라고 할 수 있다. 더구나 신자유주의의 영향으로 그나마 자본주의의 실패를 어느 정도 보완해 왔던 정부의 기능이 축소되면서 자본주의의 실패는 걷잡을 수 없이 급속하게 확대되고 있다.

공동의 문제는 크게 두 가지로 볼 수 있다. 먼저는 개인 간에 이해충돌이 없어서 개인주의로 해결할 수 있는 경우이고, 둘째는 개인 간에 이해충돌이 있어서 개인주의로 해결할 수 없는 경우다. 공동의 문제라도 이의 해결이 모두에게 유익하다면, 개인 간에 이해충돌이 없기 때문에 얼마든지 개인주의의 입장에서 문제를 해결할 수 있다.

예를 들어 질서 유지(국방, 사법, 치안), 꼭 필요한 공공시설 건설, 불황 해결 등이 그렇다. 이런 문제를 해결하는 것은 구성원 모두에게 이득이 되므로 개인의 이익을 추구하는 개인주의 관점에도 이의 해결에 전원 합의하는 것이 원칙적 차원에서는 가능하다.

그러나 구성원 간에 이해충돌이 있는 경우에 개인주의는 현실적으로나 원칙적으로나 마땅한 해결 방향을 제시할 수 없다. 예를 들어 빈부격차, 노사 문제, 독과점, 환경 훼손, 인간소외, 약소국 침탈, 전쟁 등이 여기에 해당한다. 이와 같이 개인 간에 이해충돌이 있어서 개인주의를 따를 수 없는 문제를 공동의 갈등 문제라고 할 수 있다.

개인주의에 입각하여 합의를 통해 개인 간에 이해충돌이 있는 공동의 갈등 문제를 해결하기 어렵다는 것은 애로와 뷰캐넌의 이론을 통해서도 입증된다. 이들 경제학자는 개인주의의 입장에서 공동의 갈등 문제를 연구하였다. 애로의 불가능성 정리는 선택 기준이 서로 다른 사람들이 강압이나 양보 외의 방법으로 전원 합의를 이끌어낼 수 없다는 분명한 사실을 이론적으로 철저히 입증하였다. 한정된 돈으로 사과와 배 중 하나만 사야 할 때, 서로 사고 싶은 과일이 다른 상황에서 양보나 강압 없이 두 사람이 무엇을 살지에 합의할 수 없다는 것은 자명한 사실이다.

뷰캐넌은 소수의 희생을 전제로 하는 다수결은 바람직하지 않으며, 전원 합의만이 올바른 방법이며, 이해충돌이 있을 때는 이익을 보는 사람들이 손해를 보는 사람들에게 합당한 보상금을 지불하면 전원 합의에 이를 수 있다는 주장을 이론적으로 전개하였다. 그러나 이런 뷰캐넌의 해결 방법 역시 실행 가능성을 보장할 수 없다. 손해를 보는 사람들이 만족할 만한 합당한 보상이 어느 정도인지 알 수 없기 때문이다. 보상을 하려면 해당 결정으로 이익을 얻는 사람들이 돈을 모아서 그 결정으로 피해를 보는 사람들에게 보상을 해야 하는데, 이 과정에서 이익을 보는 사람들은 돈을 적게 내기 위해 자신이 얻는 이익을 실제보다 줄이고, 피해자들은 보상을 더 많이 받기 위해 자신의 피해를 더 부풀릴 것이기 때문이다. 뷰캐넌은 현대 경제학자답게 자신의 경제적 이익만을 추구하는 경제인을 가정하였다. 이 가정에 따르면, 적절한 보상을 통한 전원 합의는 실현 불가능한 일이다. 이기적인 경제인들이 자신의 이익을 위해 허위로 보고하기 때문이다.

미국의 윤리철학자 롤즈의 정의론은 개인 간의 이해충돌 문제를 해결할 수 있는 좋은 방법이다. 롤즈는 공정한 입장에서 옳은 것을 정의라고 생각하였다. 그는 사람들이 각자 가족 관계, 직업, 지위, 재산, 능력, 건강 등 자신의 처지를 전혀 모르는 상태에 있는 것을 공정한 입장이라고 보았다.

롤즈는 이와 같이 자신의 이해관계를 전혀 모르는 무지의 장막을 가정하여, 이것이 충족되는 상태를 원초적 입장이라고 하였다. 또한 그는 위험기피자를 가정하였다. 그는 이러한 두 가지 가정으로부터 "사회적 선택은 가장 불우한 사람들의 이익을 최대화하도록 결정되어야 한다"는 최대·최소의 원칙 또는 차등의 원리를 도출하였다. 모두가 자신의 처지를 모르고 위험기피자라고 가정한다면, 누구나 불우한 상황에 처할 수 있으므로 그때를 대비해서 가장 불우한 사람의 이익을 최대로 하는 원칙에 모두가 동의할 것이라는 것이다. 따라서 롤즈는 사회의 모든 운영이 가장 불우한 사람의 생활을 개선하는 것을 목표로 삼아야 한다고 강조하였다.

그러나 그의 이론으로도 실제 상황에서 발생하는 이해충돌로 인한 문제를 해결하는 데 한계가 있다. 모두가 자신의 처지를 모른다는 무지의 장막이라는 가정이 현실의 이해충돌 문제를 해결하기보다는 회피한 것이라고 할 수 있기 때문이다. 실제로는 모두가 자신의 처지를 잘 알고 있기 때문에 무지의 장막은 없다. 개인주의 입장에서 롤즈의 이론만으로는 이해충돌로 인한 공동의 갈등 문제를 해결하는 데 한계가 있다. 이해충돌로 인한 공동의 갈등 문제는 개인주의의 자유의 원리보다는 상생의 원리를 통해 해결할 수 있다.

공존과 상생의 원리

개인 간에 이해충돌이 일어나는 공동의 갈등 문제를 풀기 위해서는 개인주의가 아닌 다른 원리나 관점이 필요한데, 상생의 원리가 좋은 대안이 될 수 있다. 자유주의의 개인주의는 인간 생활에서 공생(共生)을 간과하는 면이 있다. 이것은 앞에서 살펴본 인간의 사회성 혹은 인간 삶의 공동체적 측면을 보다 확장한 개념이라고 할 수 있다.

공간적인 면에서 우리는 홀로 우주의 허공에서 사는 것이 아니라 가족과 친척, 친구, 동족과 나아가 모든 인류 및 동식물들을 비롯한 자연과 더불어 살아가고 있다. 또한 시간적인 면에서는 앞서간 선조 및 후손과 서로 영향을 주고받으며 살고 있다. 우리가 살고 있는 사회와 자연은 선조들이 물려준 유산이며, 현재 우리가 알고 있는 지식은 앞서 살다간 이들이 수천 년 동안 축적해온 것이다. 또한 후대의 사람들은 우리가 남긴 것들을 유산으로 이어받아 살 것이다. 이처럼 우리는 시간적·공간적으로 수많은 존재들과 더불어 살고 있다.

우리가 살고 있는 자본주의 사회 역시 모든 사람이 서로 공생의 끈으로 연결되어 있다. 경제적으로 우리는 모두 직간접적인 분업과 협업의 고리로 이어져 있다. 의식주를 비롯하여 우리가 소비하는 모든 재화(물자와 서비스)는 모두 다른 사람들이 만든 것이다. 당장 쌀을 얻기 위해 직접 거래하는 사람은 쌀가게 사장이지만, 그것을 생산하고 판매하기까지 농부에서 출발하여 정미소 직원, 트럭 운전사, 물류 창고 직원, 도매상인, 농약과 비료를 생산하는 회사 직원, 농약과 비료의 원료를 공급하는 회사의 직원 등 헤아릴 수 없이 많은 사람이 관여한다. 이처럼 모든 재화의 수출입을 통해 세계적으로 분업과 협업이 이루어지고 있다는 면에서 우리는 전 세계 인류와 공생 관계에 있다고 볼 수 있다. 단지 경제적 거래뿐 아니라 정치·문화적으로도 우리는 전 세계 사람들과 서로 영향을 주고받으며 살아간다. 우리도 모르는 사이 미국의 대통령 선거가 일상생활에 중대한 영향을 미치고 있으며, 그리스 가수의 노래가 방송을 타고 일상에 흘러들어와 감동을 전해 준다.

우리가 살면서 기쁨과 보람을 느끼는 것도 공생 덕분이다. 자신

외에 그 어떤 사람이나 생명체, 존재 없이 홀로 산다면, 우리는 아무런 기쁨과 보람을 느낄 수 없을 것이다. 부귀영화로 인한 만족과 기쁨도 결국 다른 사람들이 있기 때문에 의미가 있는 것이지, 이 세상에 혼자 살았다면 이 모든 것이 전혀 가치가 없을 것이다. 물론 이런 것들 없이도 소박한 삶에 만족하는 이들도 종종 있지만, 이것이 가능한 것도 그들이 사랑하는 가족과 친지, 그리고 아름다운 자연과 동식물과 함께하기 때문이다.

사람이 삶의 보람과 기쁨을 느끼는 가장 원초적인 근원은 정(또는 사랑)에 있다고 할 수 있다. 아무리 돈과 명예를 다 가졌더라도 정을 나눌 가족이나 친지가 없다면, 삶은 매우 쓸쓸하고 적막할 것이다. 반대로 아무리 빈궁하고 권세가 없더라도 정을 나눌 가족과 친지가 있다면, 기쁘게 살 수 있을 것이다. 이처럼 사람은 정으로 산다. 따라서 정을 줄 사람이 없으면 동물이나 식물이라도 가까이 두고 정을 주며 살려고 한다. 그런데 그것도 못하게 되면, 결국 외로움에 못 이겨 삶에 대한 의욕이나 인간다움을 상실하고 만다. 이처럼 매일의 일상을 보람과 기쁨 가운데 살 수 있는 것은 우리가 혼자가 아니라 다른 이들과 공생하는 덕분이다. 그런 의미에서 이 땅에서 함께 살아가는 모든 존재는 서로 도우면서 산다고 할 수 있다. 즉 상생하고 있는 것이다.

상생의 원리란 자신만이 아니라 다른 사람과 모든 존재의 가치와 권리를 존중하면서 그들과 서로 도우며 더불어 살아가는 것을 말한다. 즉, 공생하는 모든 존재가 서로 아끼고 도우며 사는 것을 상생이라고 할 수 있다. 자신이 소중하듯 다른 존재도 모두 절대적으로 소중하고, 그들이 있기 때문에 내가 존재할 수 있으므로 자신만 아니라 다른 존재 모두 존중해야 한다. 이러한 상생의 원리에서 우리는 공동의 문제를 풀기 위한 해법을 찾을 수 있다.

모든 사람은 개인성(개체성)과 사회성(공동체성)을 동시에 가지고 있다. 그중 개인성의 원리를 자유라고 한다면, 사회성의 원리를 상생이라고 할 수 있다.

상생의 원리는 전체주의와는 전혀 다른 개념이다. 국가나 집단을 개인보다 우선시하는 전체주의는 전체를 위한 개인의 희생을 당연한 것으로 여긴다. 그러나 상생의 원리는 인간 개인을 궁극적인 가치의 원천으로 여겨 개인의 권리를 절대적으로 보장하고, 전체를 위한 개인의 희생을 용납하지 않는다. 그런 점에서 이 원리는 개인주의와 상통한다고 할 수 있다. 상생의 원리는 내가 소중한 것처럼 다른 사람과 생명체를 비롯한 모든 존재가 소중함을 인정하고 서로 도와야 함을 강조한다. 그런 면에서 이 원리는 자유주의의 관용의 원리와 공동체주의의 관점을 더 적극적으로 확장한 것이라고 할 수 있다.

개인주의의 한계를 상생의 원리로 보완한 자유주의를 상생적 자유주의라고 한다. 이것의 구체적인 내용에는 정치적 자유주의의 기본 원리(만인평등, 인본주의, 개인의 기본권 존중, 사상과 표현의 자유, 행동과 집회·결사의 자유, 관용, 자기 책임의 원칙 등) 확립, 민주주의와 법치주의 확립, 적절한 정부 개입을 통해 시장의 한계를 보완하는 복지국가형 수정자본주의, 상생의 원리의 실천을 통한 공동의 갈등 문제(분배의 갈등, 인간소외, 윤리 타락, 환경 파괴, 국제분쟁 등) 해결, 그리고 정부의 실패를 예방하기 위한 적절한 제도적 장치 등을 들 수 있다. 이러한 상생적 자유주의가 모두에게 더 이상적인 사회를 만드는 새로운 시대의 패러다임이 되어야 한다.

상생의 갈등과 적대적 갈등

현재 우리나라는 노사분쟁, 빈부격차, 지역 및 세대 갈등, 환경 문제 등 다양한 분양에서 심각한 사회 갈등이 빚어지고 있다. 이 모든 사회 갈등을 풀기 위한 해법은 상생의 원리에서 찾을 수 있을 것이다.

어느 사회든 개인과 집단 간의 이해관계, 가치관, 기호 등에 차이가 있고, 이로 인한 갈등이 일어나기 마련이다. 차이는 갈등의 원인이 되기도 하고, 또한 풍요와 다양성의 출발점이 되기도 한다. 모든 개인과 집단 사이에 아무런 차이가 없다는 것은 불가능할 뿐 아니라 바람직하지도 못한 일이다. 차별성과 다양성이 없는 획일적인 사회는 무미건조할 뿐 아니라 삭막할 것이다.

만일 이 세상에 한 종류의 식물과 동물, 인간만 존재하고, 어디를 가도 자연이 똑같은 모습이라면, 우리 삶은 매우 단조롭고 심심할 것이다. 그런데 다행스럽게도 온갖 종류의 동식물과 다양한 인간과 지역마다 다른 모습을 보여주는 자연이 있어서 우리의 삶이 더욱 풍성하고 아름다운 것이다. 모든 사람의 적성과 능력이 조금의 차이도 없이 똑같다면, 우리는 정상적으로 살 수 없을 것이다. 이 세상에 오직 한 가지 직업만 존재할 것이기 때문이다.

차이는 어쩔 수 없이 갈등을 일으킨다. 대부분 갈등이 분쟁과 고통을 가져온다고 생각하지만, 어떤 면에서는 생명의 유지와 문명의 발전에 필수적이라고 할 수 있다. 그런 면에서 갈등과 상생은 동전의 양면과 같다. 일찍이 밀은 "모든 인간사에서 서로 생명력을 갖고 각자 고유한 목표를 이루기 위해 서로 갈등하는 영향력이 필요하다"고 하였다. "만일 모든 사람이 배타적으로 오직 하나의 목표만 추구한다면, 그 한 가지만 과다해지고 나머지 모든 것은 부족해질 뿐만 아니라, 유일하게 추구하던 목적도 부패하거나 상실하게 되기" 때문이라는 것이다(《대의정부론》).

이러한 밀의 이론은 일반적인 경우에도 적용할 수 있다. 인간사와 세상은 매우 복잡하고 다양해서 누구에게나 갈등하는 상대가 있다. 그런데 이런 갈등이 있기 때문에 모두가 존재의 의의가 있다. 또한 갈등과 모순에서 비롯되는 긴장 관계 덕분에 양쪽 모두 타락과 안일에 빠지지 않고 본연의 모습을 지키며 성장할 수 있다. 남자와 여자, 이기심과 이타심, 자유와 경제적 평등, 자본주의와 사회주의, 자유방임주의와 개입주의, 진보와 보수, 자본가와 노동자, 청년과 노인, 지역 간 대립 등이 모두 그렇다.

남자 없이 여자가 존재할 수 없으며, 이기심과 이타심 어느 하나만으로는 사회가 온전히 유지될 수 없다. 경제적 평등에 대한 고민 없이 자유만을 추구한다면 자유는 타락할 것이며, 자유 없는 경제적 평등은 삶의 의미를 빼앗아갈 것이다. 정부라는 사회주의 부문이 없는 100퍼센트의 자본주의 경제는 시장의 실패로 운영이 어려워질 것이며, 시장경제가 없는 100퍼센트의 사회주의 경제는 효율성이 떨어지고 개인의 자유가 없어서 삭막한 사회가 될 것이다. 또한 개입주의와 자유방임주의 어느 한 가지 정책만으로 운영되는 시장경제는 제대로 돌아가지 못할 것이다. 잭슨 목사는 "당신은 좌익인가, 우익인가"라는 질문에 "새는 양쪽 날개로 난다"라고 답하였다. 그의 말처럼 상생의 원리란 갈등 관계를 양쪽 모두에게 유익이 되는 윈윈 게임으로 승화시키는 것이라고 할 수 있다.

이처럼 서로 도움이 되는 갈등을 상생의 갈등이라고 할 수 있다. 상생의 관점에서 보면 다양한 사회적 갈등을 상생의 갈등으로 전환시킬 수 있다. 진보주의자와 보수주의자, 자본주의와 사회주의, 노사관계, 세대와 지역 사이의 갈등이 모두 가능하다. 이상을 추구하는 진보주의자 없이 오직 현실에 안주하는 보수주의자만 존재하는 사회는 발전을 기대할 수 없으며, 보수주의자들의 신중함과 현실성 없이 진보주의자들의 이상주의만으로 추진되는 개혁은 시행착오와 혼란을 불러올 것이다. 사회주의라는 정부 부문이 없는 순수한 자본주의만으로는 경제가 정상적으로 돌아갈 수 없고, 노인의 연륜과 청년의 열정이 어우러지지 않는 사회는 병들 수밖에 없다. 노동자와 자본가 어느 한쪽의 주장만으로는 기업이 올바르게 성장할 수 없으며, 다른 지역과의 교류와 협력 없이는 풍요로운 삶을 보장할 수 없다.

자유와 상생도 상생적 갈등 관계에 있다고 할 수 있다. 이 둘은 분명 서로 대립 혹은 갈등의 관계이다. 그러나 상생 없는 자유는 소외와 갈등에 빠질 것이고, 자유 없는 상생은 개인의 붕괴를 야기할 것이다. 자유와 상생 중 한쪽만을 추구하는 개인이나 사회는 온전치 못할 것이다. 이 두 가지가 적절히 어우러질 때, 비로소 개인과 사회가 원활하게 유지되고 성장을 기대할 수 있다.

상생의 원리란 우리가 직면하는 갈등들을 상생의 갈등으로 보고 실천하는 것이라고 할 수 있다. 갈등을 상생의 갈등으로 승화시킬 때, 갈등은 소모적인 싸움이 아니라 발전의 원동력이 된다. 갈등이나 모순이 없다면 어떤 변화도 기대할 수 없고, 더불어 발전도 할 수 없을 것이다. 갈등이 상생적 갈등으로 승화되어 갈등과 모순을 극복하여 성장해 가는 과정을 변증법적 발전이라고 한다. 변증법적 발전은 상생적 갈등을 통한 발전이라고 할 수 있다.

그런데 종종 상생의 갈등이 아니라 적대적 갈등인 경우도 있다. 상대를 타도의 대상으로 보고, 상대가 가진 것을 취하기 위해 공격하는 갈등은 적대적 갈등이다. 현재 우리나라에서는 지역·노사·세대 간 갈등이 상생보다는 적대적 갈등으로 나타나고 있다. 적대적 갈등은 제로섬 게임과 집단이기주의에서 비롯된다. 제로 섬 게임이란 전체 몫이 제한적이어서 한쪽의 몫이 커지면 다른 쪽의 몫이 작아지는 것으로, 우리나라 지역 갈등이 가장 대표적인 예다.

우리나라의 지역 갈등은 30여 년 군사 독재시절에 정부 고위직 인사에 호남 출신들을 제외한 것에서 시작되었다고 할 수 있다. 고위직 자리는 한정되어 있으므로 고위직으로의 출세는 제로 섬 게임과 같아서, 이로 인해 서로 상대방의 몫을 위협하여 적대적 갈등을 유발하게 되는 것이다. 이런 상황에서 분배가 불공정하게 이루어지면, 자연스럽게 불만과 분쟁이 생긴다. 과거 군사 정권 시절, 출신 지역이라는 불공정한 기준이 공직 출세의 기준이 되면서 영호남 간의 지역 갈등이라는 적대적 갈등이 빚어졌다. 제로섬 게임에서 분쟁과 불만이 일어나지 않게 하려면, 무엇보다 분배가 공정하게 이뤄져야 한다.

사회 갈등을 부추기는 또 다른 요인으로 집단이기주의를 꼽을 수 있다. 오위켄은 "집단은 양심이 없다"고 말하였다. 사람은 동물과 달리 이성과 양심을 가지고 있으며, 이에 따라 행동한다. 아무리 악한 사람도 불의를 보면 분노하고, 불쌍한 사람을 보면 도와주려 한다. 그러나 그것은 어디까지나 자신과 이해관계가 없는 상대에 한해서이다. 만일 이해관계가 걸리면, 이성과 양심은 이해관계 앞에서 힘없이 무너져 버리고 만다.

다행스럽게도 우리에게 이성과 양심을 지켜주는 지원군이 있는데, 그것은 바로 부끄러움이라는 감정이다. 이 부끄러움은 이해관계 앞에서도 흔들리지 않도록 우리를 지켜주어 잘못된 선택을 하지 않도록 돕는다. 대부분의 사람들이 범죄를 저지르지 않는 것은 처벌에 대한 두려움과 양심 때문이기도 하고, 나중에 발각되면 당하게 될 일들이 두려워서이기도 하다.

부끄러움을 느끼는 기준은 이성이나 양심보다는 주위 사람들이 함께 하느냐에 달려 있다. 길거리에서는 창피해서 옷을 벗지 못하지만 목욕탕에서는 옷을 다 벗어도 부끄럽지 않고, 평소에는 남을 때리지도 못하는 사람들이 전쟁터에서는 사람을 무자비하게 죽일 수 있는 것은 다른 사람들이 모두 같이 하기 때문이다. 집단행동은 부끄러움을 잊게 하는 가장 강력한 힘이다. 집단적으로 행동할 때, 우리는 상상도 못할 일을 벌일 수 있다.

이와 같이 이해관계와 집단행동은 우리의 이성과 양심을 방해하는 가장 큰 장애물이다. 이러한 이해관계와 집단행동이 결합된 것이 바로 집단이기주의다. 따라서 집단이기주의는 인간의 약한 양심을 마비시키기 쉬운 가장 무서운 마약이다. 집단행동은 사적인 이익을 주장하는 사람들을 자신이 정의를 위해 투쟁한다는 착각에 빠뜨린다. 겉으로는 사회 정의를 위해 싸운다는 명분과 비장한 사명감으로 삭발과 단식을 하지만, 이들의 주장은 종종 사회정의라는 가면을 쓴 집단이익일 때가 많다.

지금도 이러한 집단이기주의의 최면에 빠져 공익이라는 명분을 앞세워 사익을 지키기 위해 애쓰는 이들이 많다. 이런 집단이기주의를 막으려면 비판의 자유와 관용을 베푸는 분위기를 만들어 양심적 소수가 자유롭게 집단이기주의를 비판하고, 나아가 사람들의 의식 수준을 높여 상생의 원리를 지키고 몸소 행하게 하는 것 말고는 뾰족한 수가 없어 보인다.

지금까지 살펴본 바와 같이, 상생의 관점으로 보면 대부분의 갈등을 상생의 갈등으로 승화시켜서 발전의 발판으로 삼을 수 있다. 제로섬 게임의 경우 분배를 공정하게 하고, 관용을 베푸는 분위기를 조성하며, 비판의 자유를 보장하여 집단이기주의를 극복하기 위해 노력해야 할 것이다.

공존과 상생의 원리 적용

자유주의의 개인주의로는 개인이나 집단의 분쟁, 인간소외, 도덕성 타락, 국가 간의 갈등, 환경 문제 등과 같은 난제를 풀기 어렵다. 여기에 상생의 원리를 적용하면, 복잡한 공동의 문제들을 해결하는 데 큰 도움이 된다.

분배 갈등의 해결

오늘날 자본주의 사회에서 가장 심각한 갈등은 경제적 분배의 문제라고 할 수 있다. 노사 분규, 지역과 세대 간의 갈등을 비롯하여 사회에서 빚어지는 분쟁과 갈등은 주로 분배의 문제가 원인이 되는 경우가 많다. 이것은 우리나라뿐 아니라 자본주의 경제체계를 따르는 대부분의 나라들이 안고 있는 문제이다. 자본주의와 자유주의에 대한 가장 거센 비판 역시 자본주의 경제에서 비롯되는 불공정한 분배에 대한 것이다. 이것은 크게 두 가지로 나눌 수 있다. 하나는 자본주의에서의 분배가 공정하지 않다는 것이고, 또 한 가지는 빈부의 격차가 심하고 절대빈곤의 문제가 있다는 것이다.

물론 어떻게 하는 것이 공정한 분배인가에 대해서는 의견이 분분하다. 자유주의의 책임의 원리에 따르면, 사회가 빈곤의 문제를 책임질 필요가 없다. 빈곤을 철저히 개인의 문제로 보기 때문이다. 18-19세기 시민혁명의 성공으로 부르주아가 정권을 잡은 영국과 프랑스는 개인의 게으름 때문에 빈곤이 발생하는 것이라고 판단하여 이 문제에 크게 신경을 쓰지 않았다. 그러나 분배의 공정성을 떠나 자본주의 경제에서 발생하는 극심한 빈부격차는 문명사회가 방치할 수 없는 비극적인 현상이다. 밀의 지적대로, 자본주의 사회가 빈곤의 문제를 외면하는 것은 경주에서 좋은 성적을 거두지 못한 사람을 살해하는 야만적인 경기와 다를 바 없을 것이다(《사회주의론》).

상생의 원리에 따르면, 국가가 형편이 어려운 사람들을 지원해서 빈곤의 문제를 해결하는 것이 마땅하다. 인간이라면 자신만이 아니라 타인의 정당한 권리를 존중하고 서로 도우며 더불어 사는 것이 당연한 일이기 때문이다. 생존권은 모든 사람에게 주어진 기본 권리다. 다만 지원을 어디까지 할 것이냐가 문제인데, 이는 의회에서 함께 뜻을 모아 결정하면 된다.

인간소외의 극복

자유주의는 개인주의에 근거한다. 타인에게 부당한 피해를 주지 않는 선에서 자신의 행복과 이익을 추구하는 개인주의는 타인의 입장을 배려하지 않은 채 오로지 자신의 이익만을 추구하는 이기주의와는 다르다. 이러한 개인주의로부터 타인을 해치지 말라는 소극적인 윤리를 이끌어낼 수 있다.

근대 자본주의 사회는 개인주의를 바탕으로 전에는 전혀 볼 수 없었던 눈부신 경제발전을 이루었다. 자본주의 경제체제 아래 상공인들은 개인주의에 따라 서로 피해를 주지 않고, 동시에 다른 사람을 돕지도 않으면서 자신의 행복을 위해 수익을 창출하고 저축해서 투자하고 새로운 기술을 개발하여 경제적으로 성장하였다. 이러한 경제발전과 더불어 민주주의와 법치주의, 그리고 근대 과학 문명과 문화가 찬란하게 꽃을 피웠다.

이처럼 개인주의는 자본주의 사회에 아주 잘 맞는 윤리관이라고 할 수 있다. 상공인들, 특히 근대 자본주의의 건설을 주도한 중소 상공인들은 자신의 능력으로 상업 활동을 해서 생활하는 사람들이기 때문이다. 물건을 팔아서 돈을 벌면 자신이 갖고, 손해를 보면 스스로 책임지는 것이 그들의 일상이므로, 그들에게는 각자 스스로 책임지며 사는 개인주의적 윤리가 당연한 것으로 받아들여졌다. 그런데 이것은 자본주의에서 발생하는 인간소외의 문제를 해결하기보다 오히려 조장한다고 할 수 있다.

인간소외의 문제는 상생의 원리로 해결할 수 있다. 사회 구성원들이 서로 존중하고 협력하며 산다면, 따뜻한 관계가 형성되어 모두가 삶의 즐거움과 보람을 느끼게 될 것이다. 자본주의 사회에서의 인간관계가 단순히 서로 이해관계가 맞아서 거래하거나 경쟁하는 것이 전부인 것 같지만, 알고 보면 모든 사람이 상생의 관계망으로 연결되어 있다. 경제적인 면에서 우리는 모두 분업과 협업의 끈으로 연결되어, 결과적으로 서로 도우며 살고 있다. 우리가 이러한 상생 관계를 깨닫고 이 원리를 사람들과의 관계에 접목한다면, 인간소외의 문제를 극복할 수 있을 것이다. 칸트가 말했듯이 다른 인격을 수단이 아닌 목적으로 대한다면, 인간소외의 문제는 해결될 것이다. 이는 적극적인 윤리를 추구하는 것과도 관련이 있다.

적극적 윤리의 실현

과거에 비해 현대 사회의 윤리가 더 타락했다고 할 수는 없지만, 현대 사회의 윤리가 매우 타락했다는 것을 부인할 수는 없다. 현대 사회에서 윤리가 약화된 원인은 자본주의의 윤리 약화 경향, 개인주의, 집단이기주의 및 도시화에 따른 익명 사회라는 네 가지로 분석할 수 있다.

첫째, 돈에 의해 모든 것이 좌우되는 자본주의의 속성이 윤리를 약화시킨다. 자본주의가 윤리에 긍정적인 영향을 미치기도 했으나 부정적인 영향도 미친 것도 많다. 자본주의가 윤리에 미친 긍정적인 영향은 자립심, 근면, 정직, 성실과 같은 부르주아지의 건전한 윤리를 들 수 있다. 자본주의 경제에서 남에게 의존하지 않고 독립적으로 사는 부르주아들은 자립심과 근면을 매우 중시하며 살았다. 또한 정직과 성실을 기본으로 하는 상공업자인 부르주아들은 이것의 중요성을 잘 안다. 정직과 성실로 신뢰를 얻지 못하면 경쟁에서 뒤처질 수밖에 없기 때문이다.

그러나 자본주의 경제가 윤리·도덕적으로 미치는 부정적인 영향도 적지 않다. 자본주의에서는 사람이 돈을 버는 것처럼 보이지만, 시간이 지나면 돈이 돈을 벌고, 어느새 돈이 사람을 지배하는 분위기로 흘러간다. 자본주의 사회에서 돈 없이 되는 일이 거의 없고, 돈 가지고 안 되는 일도 별로 없기 때문이다. 심지어 명예와 권세도 얼마든지 돈 주고 살 수 있다. 이런 이유로 돈 자체를 삶의 목표로 삼는 사람도 많다. 종종 가족과 친구가 돈 때문에 서로 등을 돌리는 일도 많다. 자본주의 사회에서 일어나는 범죄들도 돈 때문인 경우가 많다. 이와 같이 돈이 목적이 되고 사람은 돈을 벌기 위한 수단이 되다 보니, 돈을 최고의 가치로 여기는 배금주의가 팽배하게 되어 자본주의 사회에서 윤리가 약화되는 것 같다.

둘째, 개인주의가 자본주의 사회의 윤리를 약화시키는 주요인이다. 원래 개인주의란 개인이 스스로의 힘으로 생계를 책임지며 살아가는 상공인들의 인생관이다. 자본주의가 등장하기 전에는 동서양의 사람들 모두 대가족이나 공동체에 속하여 살았다. 의식주를 공동으로 책임지는 공동체 생활에서는 구성원의 협동이 필수적이므로, 다른 사람을 배려하는 윤리가 지배적이었다. 그러나 개인이 각자 생계를 책임지는 자본주의의 상공인들은 다른 사람에 대한 배려를 중시하지 않는 개인주의를 선호하였고, 이에 따라 윤리가 약화되었다. 윤리 자체가 다른 사람에 대한 배려를 우선시하기 때문이다.

셋째, 집단이기주의의 영향으로 자본주의 사회에서 윤리가 약화된다고 할 수 있다. 개인주의 성향이 강한 자본주의 사회에도 이해관계를 중심으로 뭉친 이익집단이 있다. 노동조합, 직업 단체, 지역주민 단체, 국가, 종교 단체 등이 존재한다. "집단은 양심이 없다"는 오위켄의 말처럼, 윤리의 가장 큰 걸림돌은 집단이기주의다. 평소에는 사리

분별을 잘하는 사람도 집단의 이익 앞에서는 염치를 모르는 존재로 돌변한다.

현재 우리나라에도 여러 집단의 거센 주장으로 온 나라가 시끄럽다. 이들의 주장에는 타당한 것도 있지만, 적지 않은 단체들이 자신들의 이익을 위해 부당한 요구를 하는 경우가 많다. 혼자서는 부끄러워서 하지 못할 말도 집단으로 뭉치면 염치없는 요구를 하면서도 마치 정의의 투사인 양 떳떳하게 주장하는 것이 인간의 속성인 듯하다. 혼자서 저지르지 못할 죄도 여럿이 함께하면 겁 없이 저지르기도 한다.

지금까지 인간이 저지른 대량 살상은 모두 국가와 민족, 특정 계급이나 종교 등 집단의 이름으로 자행되었다. 개인이 죽이면 살인이고, 국가가 죽이면 정의실현으로 둔갑하는 것이다. 지금도 특정 집단에 의한 대량 살상이 지구 곳곳에서 공공연하게 자행되고 있다. 그들은 양심의 가책을 느끼기는커녕 정의를 실현한다는 확신에 차서 이러한 만행을 벌이고 있다.

오늘날 우리 사회의 윤리가 실추된 것도 집단이기주의에 빠져 사람들의 양심이 마비되었기 때문이라고 볼 수 있다. 하청기업 근로자들보다 훨씬 더 많은 돈을 받으면서도 임금을 더 올려 달라고 요구하는 대기업 노동자도, 자기 동네에 장애인 보호시설이나 환경 시설이 들어오는 것을 반대하는 지역 주민들도, 편파 보도를 하면서도 공정 보도를 한다고 우기는 언론인도, 입만 열면 국가를 위한다고 하면서 뒤로는 사리사욕을 채우기 바쁜 정치인들도, 작은 정부를 외치면서 기회만 되면 자신의 권한과 이익을 취하기 바쁜 공무원들도 사익이 아니라 공익을 위해 일한다는 착각에 빠져 있는 경우가 많다. 이런 집단이기주의가 오늘날 우리 사회의 윤리를 타락시키는 주요 요인일 것이다. 다수가 함께하면 죄가 죄인지도 모르는 것이 인간이다.

넷째, 도시화에 따른 익명 사회의 영향으로 윤리가 약화되고 있다. 인간은 자신을 아는 사람들 앞에서는 부끄러운 짓을 하지 못한다. 따라서 서로를 잘 아는 현명(顯名)사회인 작은 공동체에서는 부끄러운 짓을 저지르기 어렵다. 그러나 누가 누군지 알지 못한 채 살아가는 익명사회인 대도시에서는 모두가 가면을 쓰고 본모습을 감추고 살기 때문에 익명성에 숨어 부끄러운 짓을 저지르기 쉽다. 자신의 정체를 숨길 수 있는 사이버 공간에서 무례하고 험한 말을 거침없이 쏟아내는 것이 이것을 잘 보여준다.

상생의 원리를 실천하면 위에 소개한 요인으로 인한 윤리의 타락을 막고, 인간성과 윤리를 다시 회복시킬 수 있을 것이다. 윤리 타락이 다른 사람에게 부당한 피해를 주는 것을 개의치 않는 것이라면, 타인을 존중하고 돕는 것을 중시하는 것이 상생의 원리이기 때문이다.

문명인의 보편적인 특징으로 윤리적 존재로서의 인간을 들 수 있다. 애덤 스미스는 사람이 누구나 어려움에 처한 이를 보면 도와주려는 동정심과 자신의 행동을 바르게 판단할 수 있는 양심을 가지고 있으면서 동시에 자신의 이익을 추구하는 이기심도 가지고 있어서 이해관계 앞에서 동정심과 양심이 바람 앞의 촛불처럼 흔들리므로, 이로 인해 불의를 저지르는 것을 방지하기 위해 공정한 법이 필요하다고 보았다. 그러나 공정한 법만으로는 한계가 있다. 공정한 법은 다른 사람에게 부당한 피해를 주는 것을 방지할 뿐 어려운 사람을 돕게 하지는 않기 때문이다. 그래서 필요한 것이 칸트가 주장한, 자유의지에 따라 스스로 결단해서 선택하는 도덕률일 것이다.

칸트의 지적대로, 도덕률은 이성적인 논리에 의해 얻어지는 명제가 아니라 자유의지로 스스로 선택하는 것이다. 루지에로의 지적대로, 칸트의 영원한 광휘는 도덕률에 대한 복종이 개인의 자유임을 보인 것에 있다. 칸트가 말한 이러한 인간은 윤리적 존재로서의 자신을 자각한 인간이라고 할 수 있으며, 이러한 자유의지에 의한 도덕률의 선택은 상생의 원리에 대한 개인의 자각이라고 할 수 있다. 인간이 동물과 다른 가장 중요한 특징 중 하나가 바로 자신을 윤리적 존재로 자각하는 것이다. 그리고 자신이 윤리적 존재임을 자각한 사람들이 이것을 실천하는 사회를 문명사회라고 할 수 있다. 오늘날의 복지국가뿐 아니라, 동서고금을 막론한 대부분의 문명국가에는 어려운 이들을 돕는 정부 기관이 있었다.

세계 평화 달성

인간이 저지르는 가장 큰 죄악은 아마도 전쟁일 것이다. 전쟁은 살인, 약탈, 파괴 등 끔찍한 범죄를 누가 더 대규모로 잘 저지르는가를 공공연하게 겨루는 시합과 같다. 전쟁이 일어나면 평소 이성과 윤리와 교양을 지키고 문화를 사랑하던 정상적인 사람들이 무고한 생명을 죽이고, 소중한 문화재를 파괴하며, 다른 사람의 재산을 빼앗기 위해 경쟁적으로 싸운다. 과거에서부터 지금까지 끊임없이 전쟁이 일어나는 것을 보면, 인간은 이성과 양심의 주인이라기보다 탐욕과 무지의 노예인 것 같다. 적어도 전쟁을 시작하는 사람들은 분명 그러할 것이다.

두 차례의 참혹한 세계대전을 겪은 뒤, 국제적 협력으로 전쟁을 예방해야 한다는 공감대가 형성되면서 유엔, 세계은행IBRD, 국제통화기금IMF 등과 같은 국제협력기구가 생겨 국제협력을 위한 세계적인 노력이 과거보다 확대되었다고 볼 수 있다. 그럼에도 불구하고 제2차 세계대전 이후에도 중국의 티베트 침략과 점령, 한국 전쟁과 월남 전쟁을 비롯하여 크고 작은 전쟁이 끊이지 않았고, 미국의 이라크 침공이나 이스라엘의 팔레스타인 침공, 러시아의 체첸 침공 같은 강대국의 약소국 침략이 여전히 계속되고 있다.

인류 역사상 끔찍한 대규모 살상은 늘 국가적 차원으로 일어났으며, 지금도 변함이 없다. 또한 당장은 전쟁이라고 할 수준은 아니지만, 인도와 파키스탄의 분쟁처럼 전쟁으로 발전할 수 있는 국가 간의 분쟁은 세계 곳곳에서 일어나고 있다. 전쟁을 위한 무기 개발 또한 엄청난 규모로 여러 나라에서 진행되고 있다.

국제사회에서 분쟁과 전쟁이 끊임없이 이어지는 것은 국제사회가 아직 법질서가 확립되지 않은 무정부 상태이기 때문이다. 구성원들의 무기 보유와 사용을 제한할 수 있는 개별 국가와 달리, 국제사회는 각국의 무기 보유와 사용이 허용되어 언제라도 무력 분쟁이 일어날 수 있는 무정부 상태이다. 이와 같은 무정부 상태에서는 강자의 횡포를 저지할 뾰족한 방법이 없다. 그나마 국제 여론이 예전보다는 영향력이 있는 편이나, 미국의 이라크 침공이나 이스라엘의 팔레스타인 침공, 러시아의 체첸 침공의 예처럼 여론만으로 강대국의 무력 사용을 막는 데는 분명 한계가 있다.

이러한 가운데 우리가 믿고 의지할 수 있는 것은 인간의 이성이다. 사람들의 이성에 호소하여 모두가 올바른 방향으로 나아가도록 함께 힘써야 한다. 상생의 원리를 국제사회에 적용하면, 국제분쟁을 평화적으로 해결하는 대안이 될 수 있다. 이제는 세계화로 인해 국제협력이 인류에게 결정적으로 중요해졌다. 모든 구성원을 평등하게 대우하도록 공정한 규칙을 제정하고 집행하는 법질서는 문명사회에 반드시 필요하다. 공정한 법질서가 없이는 평화적인 공존과 번영을 기대할 수 없다.

지금까지는 개별 국가들이 법질서를 세우는 역할을 맡아왔다. 그러나 세계화가 급격하게 진행됨에 따라 인간의 생활 범위가 국경을 넘어 세계로 확장되어 전 세계적으로 법질서를 공정하게 집행하는 국제기구가 반드시 필요한 상황이 되었다. 이 문제도 상생의 원리를 따를 때, 좋은 해결책을 찾을 수 있을 것이다. 모든 인류가 동등한 권리를 가지고 서로 존중하고 도우며 더불어 살아가야 함을 깨닫고 이것을 제대로 실행한다면, 강대국이 자신의 이익을 위해 마음대로 세계 평화를 깨뜨리고 약소국을 침략하는 패권주의는 사라질 것이다.

환경과 자연 보호

지난 200년간 인간에 의한 자연 파괴는 규모와 속도 면에서 그 어느 때와 비교할 수 없을 정도로 급격하게 이루어졌다. 이러한 자연 파괴를 촉발시킨 주요 원인은 근대 서양 문명 안에 포함된 다음의 세 가지 요소로 볼 수 있다. 첫째는 자연을 인간이 마음대로 사용해도 되는 대상으로 보는 이기적이고 오만한 인본주의, 둘째는 근대의 자본주의 경제체제, 셋째는 과학기술의 발달이다.

종교적 가르침이나 전통이 아닌 인간의 이성을 판단 기준으로 하는 근대 서양의 합리주의는 인간 중심적이다. 모든 인간을 존중하라는 올바른 인본주의이자 만인평등 사상이라고 할 수 있는 합리주의는 자유주의의 가장 기본적인 가치 기준으로 자리 잡아 역사 발전에 크게 이바지하였다. 그러나 근대 서양의 인본주의는 자연을 인간을 위해 마음대로 이용해도 되는 수단으로만 본다는 점에서 문제가 있다.

서양 합리주의의 시조라고 할 수 있는 데카르트는 다음과 같이 말했다. "과학의 발달로 인간이 자연의 주인이자 소유자가 되었다." 이처럼 자연을 단지 인간의 목적을 이루기 위한 도구로 생각하게 되면서 근대 이후 인간은 발달된 과학을 이용해서 서슴없이 자연을 약탈하였다. 그 결과 수많은 동식물이 멸종되고, 땅과 바다가 광범위하게 심각한 수준으로 파괴되고 있다.

자본주의 경제도 자연 파괴에 적지 않은 영향을 끼치는 주요 요인 중 하나다. 자본주의 아래 기업들은 이윤 창출을 위해 지하자원, 산림자원, 해양자원 개발이라는 명목으로 자연을 무참히 파괴하였다. 여기에 과학과 기술의 발달이 더해져 자본주의의 상업화된 자연 파괴는 이전 사회에서 자가소비를 위해 이루어진 자연 이용과는 비교가 안 될 정도로 빠른 속도로 광범위하게 행해지고 있다.

수많은 동식물의 멸종과 산림 및 개펄의 대규모 파괴가 자본주의가 본격화된 지난 200년 사이에 일어났다. 이런 식으로 자연 파괴가 계속되면, 일찍이 밀이 우려한 상태, 즉 이 지구상에 인간이 키우는 가축과 사람들이 재배하는 식물을 빼고 모든 동식물이 멸종된 세상이 될 수도 있다. 그나마 근래 들어 자연 보호에 대한 인식이 점차 개선되고 있기는 하나 자신들의 이익을 위해 어떤 일도 주저하지 않고 하려 드는 기업과 개인의 탐욕을 억제하기에는 여전히 턱없이 부족한 것 같다. 이제 자연 보호는 단순한 자연 사랑의 차원을 넘어 인류의 생존을 위해 실천해야 할 때가 되었다. 지금과 같이 자연 파괴가 지속된다면, 갈수록 지구의 환경이 악화되어 전 인류의 생존이 위협받을 것이다.

자연을 비롯하여 모든 환경을 잘 보호하고 보존하는 것은 현재를 살아가는 모든 인류와 자연 그리고 우리의 후손을 위한 당연한 의무다. 자연 파괴는 당장 경제성장과 이익을 가져다줄 수는 있으나 장기적으로 자원을 고갈시키고 오염을 악화시켜 지구의 생태계를 파괴하여 인류의 생존 자체를 위협한다는 반성에 따라 1990년대 초부터 자연 친화적인 경제성장을 주장하는 지속 가능한 발전이 세계적인 공감을 얻고 있다. 이 개념에 따르면, 자연은 우리가 후손들에게 물려주는 것이 아니라 후손들의 것을 우리가 잠시 빌려 쓰는 것이기 때문에 잘 보존하여 돌려주어야 한다. 이것은 우리가 후손들과 상생해야 함을 시사한다고 볼 수 있다.

상생의 원리에 따르면, 자연을 존중하는 것은 매우 당연한 일이다. 자연도 우리와 더불어 살아가는 존재이기 때문이다. 그러나 근대의 서양 과학문명은 자연을 수단화하여 마음대로 파괴하였다. 모든 인격을 수단이 아닌 목적으로 대하라고 한 칸트가 오늘날 탐욕스러운 인간들이 수많은 동식물을 멸종시키고 자연을 마구 파괴하는 것을 본다면, 인간뿐 아니라 자연 역시 수단이 아닌 목적으로 대해야 한다고 하지 않을까?

그런 의미에서 인간을 자연의 주인이 아닌 자연의 일부로 본 근대의 과학문명 이전 시대의 사고방식이 미래 시대에 더 적합하다고 할 수 있다. 근대 과학이 발달하기 전에는 자연이 두려워서 자연에 순응하며 살았다. 지금과 같이 자연을 무분별하게 파괴하는 것은 우리가 탑승하고 있는 지구라는 작고 아름다운 배를 스스로 부수는 자해 행위와 같다. 인간의 권리가 존엄하다면, 인간을 포함하여 모든 생명체를 품고 있는 자연 자체가 더 존엄한 것 아닐까?

자유 확대의 역사는 다시 말해서 평등 확대의 역사라고 할 수 있다. 신분, 성, 인종, 국적 등 인간을 차별하던 장벽들이 무너지고 사람들 사이에 평등이 확대되어 온 과정이 바로 인류 역사의 발전이다. 여기에 가장 크게 기여한 것이 바로 자유주의의 보급과 확대이다. 이제는 사람과 동물을 비롯한 모든 생명과 존재를 차별 없이 존중해야 하지 않을까?

자유주의가 등장하기 전, 사람들은 다양한 이유를 들어 다른 사람들을 차별하는 것을 당연시하였다. 불과 100년 전만 해도 우리나라에서 양반은 상민과 천민을, 상민은 천민을 사람 취급하지 않고 마음대로 때리며, 심지어는 죽이기까지 하였다. 그러나 자유주의의 평등사상이 보편화된 지금은 누구나 이것이 잘못된 것이라고 생각한다. 마찬가지로 언젠가는 동물도 사람과 같이 소중한 생명이므로 이를 학대하는 것이 잘못이라는 생각이 보편화 되어 동물을 살육하거나 학대하는 것이 사회적으로 금지되는 날이 올지도 모른다. 이미 이렇게 생각하는 사람들이 적지 않다.

식량이 부족해서 생존을 위해 동물을 양식으로 삼는 것은 어쩔 수 없으나, 식도락이나 재미를 위해 생명을 죽이는 것은 비윤리적인 일이다. 다른 동물들은 마음대로 살육하면서 인간만 잘 먹고 잘사는 세상을 만들겠다는 것은 부끄러운 짓이 아닐까? 인간의 원죄는 에덴동산에서 선악과를 따 먹은 것이 아니라, 다른 생명들을 마음대로 살육하는 것이 아닐까? 아직 인본주의도 제대로 정립되지 않은 상황에서 이를 초월하는 윤리를 말하는 것이 시기상조일 수도 있으나, 장기적으로 이러한 방향으로 윤리관이 확대되어야 지구와 인류의 존속이 가능하고 사람들 간의 분쟁도 사라질 것 같다.

공존과 상생이 답이다

경쟁보다는 상생이 더 이익이다

시장에는 늘 경쟁자가 있기 마련이다. 경영자가 범하기 쉬운 실수 중 하나가 경쟁자에게 지나치게 신경을 쓴 나머지 자신만의 색깔을 잃는 것이다.

사자와 늑대가 작은 사슴 한 마리를 보고는 같이 잡아먹기로 하였다. 늑대가 사슴을 공격하여 넘어뜨리자 사자가 순식간에 숨통을 끊어 놓았다. 그런데 갑자기 사슴을 늑대와 나눠 먹기 싫어진 사자가 늑대를 공격했다. 늑대는 끝까지 저항했지만, 결국 사자에게 목숨을 잃고 말았다. 하지만 사자도 늑대를 공격하다가 중상을 입어서 사슴 고기를 맛있게 먹을 수 없었다. 사자가 사슴을 독식하겠다는 욕심을 버렸다면, 늑대와 사자 모두 행복했을 것이다.

시장의 규모는 워낙 커서 아무리 능력이 탁월한 사업가라도 이익을 온전히 독식할 수는 없다. 양보해야 할 때는 적절히 경쟁자에게 양보해야 훗날을 기약할 수 있는 경우가 적지 않기 때문에, 사업의 세계에서 영원한 적수는 없다. 경쟁자가 함께 상생하는 윈윈전략은 현대에 개발된 것이 아니다.

청나라 시대의 거상 호설암은 사업을 하면서 인연을 매우 귀하게 여겼다. '인연'은 대내적으로는 직원과 기업이 서로 신의와 성실을 다하는 것이고, 대외적으로는 동종 업계의 사람들과 서로 돕고 협력하는 것이다.

호설암은 자신을 돕는 사람들에게 종종 이런 말을 하였다. "이 세상의 밥을 한 사람이 홀로 독식할 수는 없다. 그와 같은 이치로, 동종 업계 사람들과 좋은 관계를 맺어 협조하고 따를 수 있게 해야 일을 제대로 할 수 있다. 이를 위해 다른 사람들의 입장도 헤아려 가면서 장사를 해야지, 그렇지 않으면 자칫 남의 몫까지 빼앗게 된다. 역지사지의 자세로 상대를 헤아리고 배려하는 마음가짐이 중요하다."

호설암은 말에서 그치지 않고 이것을 행동으로 옮겨, 실제로 경쟁자들의 사정을 살피며 장사를 하여 상도덕을 넘어서 '상도'(商道)의 경지에 올랐다며 지금까지 칭송을 받고 있다. 그는 당장의 이익보다는 동료 상인들의 사정을 더 중요시했기 때문에 '너 죽고 나 살기' 식의 치열한 경쟁 중에도 상대의 밥그릇을 뺏는 행동을 하지 않았다.

도제로 일하던 신화 전장에서 독립하여 부강 전장을 오픈하기 위해 준비 중이던 호설암은 주인인 장반자에게 이 사실을 전했다. 장반자는 태연한 척하며 "잘됐다"고 했지만, 속으로는 매우 불안해하였다.

그가 불안해한 데는 다 이유가 있었다. 호설암이 해운국의 왕유령에게 도움을 준 덕에 상하이 해운국의 조운(현물로 거둔 각 지방의 조세를 배로 베이징까지 운반하던 제도)을 수주할 수 있었기 때문이다. 그런데 호설암이 독립하여 전장을 차리면 해운국이라는 큰 고객을 잃을 것이 뻔했기 때문이다. 이런 장반자의 우려를 짐작한 호설암은 그를 안심시키기 위해 이렇게 말했다.

"걱정하지 마십시오! 저는 해운국과 거래하지 않을 것입니다. 해운국과는 원래대로 신화에서 거래하시는 것이 맞고, 저는 다른 길을 찾아볼 생각입니다."

의심을 거두지 못한 장반자가 호설암에게 물었다.

"그렇다면 앞으로 어떻게 장사를 할 생각인지 말해 보게!"

"그건 지금 말씀드릴 수 없습니다. 분명한 것은 제가 신화 전장의 장사를 방해하는 일은 없을 것이라는 점입니다."

부강 전장을 차린 뒤 호설암이 약속한 대로 하자, 장반자는 의혹과 불안감을 거두게 되었다. 호설암의 의리에 감동한 장반자는 어려운 일이 있으면 꼭 돕겠다고 약속하였다. 이후 호설암이 거상이 되기까지 장반자로부터 도움을 많이 받았다.

이익이 큰 무기 거래를 할 때도 호설암은 '돈을 벌지 못할망정 동종업자들에게 원망을 사는 일은 하지 않겠다'는 소신을 철저하게 지켰다. 무기 거래는 이윤이 큰 대신 위험도 크고, 진입하기도 쉽지 않은 사업이었다. 하지만 호설암은 능력도 충분한 데다 조운 업계의 세력까지 힘입어 무기 사업의 일인자가 되었다.

어느 날 호설암은 외국의 무기상이 성능이 좋은 무기를 들여온다는 소식을 들었다. 조용히 알아보니 판매권만 따내면 엄청난 수익이 보장되는 사업이었다. 호설암은 사업의 전망을 확인한 즉시 협상을 시작했다. 실적과 수단이 워낙 뛰어나고 신용, 명성 등을 두루 갖춘 호설암은 어렵지 않게 무기 판매권을 따냈다.

성공적인 거래에 만족해하던 호설암은 업계에서 자신에 대해 부도덕하다고 손가락질한다는 소식을 듣게 된다. 원래는 외국 무기상이 호설암보다 낮은 가격을 제시한 상인과 계약을 했는데, 호설암이 더 높은 가격을 제시하여 거래를 가로챘다고 비난을 받은 것이었다.

뒤늦게 이러한 사정을 알게 된 호설암은 자신이 다른 사람의 계약을 가로챘다는 사실을 부끄럽게 여겼다. 그는 즉시 자신 때문에 계약을 파기당한 상인을 찾아가 자신이 어떻게 만회하면 되겠냐고 물었다. 그러나 영향력이 큰 호설암에게 밉보였다가 사업에 해라도 될까봐 염려한 상인은 이미 지난 일이니 앞으로 잘 봐달라고 하였다.

이로써 거래를 가로챘다는 오명은 벗었지만, 호설암은 결국 자진해서 그 상인에게 판매권을 넘겨주었다. 상인은 외국 무기상에게 원래 제시했던 금액을 치렀고, 나머지 부족한 금액은 호설암이 보태 주었다. 이 일을 계기로 호설암은 무기 중개상들의 존경을 받게 되었다.

손해를 감수하면서까지 상도덕을 지킨 호설암은 업계에서 좋은 평판과 명망을 얻어 더욱 위상이 높아지고 영향력이 커져 큰 성공을 거둘 수 있었다. 또한 지금까지도 중국 최고의 거상으로서 추앙을 받고 있다.

사람과 사람의 힘을 모으라

누구도 생각지 못한 기발한 아이디어를 경영에 도입하는 것은 성공하는 경영자들의 '필살기'라 할 수 있다. 남들이 상상도 하지 못한 개성 있는 제품과 광고, 마케팅, 관리 노하우 등은 성공으로 가는 열쇠가 된다.

기업의 성공은 '3할은 기술, 7할은 관리'에 달려 있다. 세계적으로 막강한 경쟁력을 갖춘 기업들은 남다른 관리를 통해 성장했다. "기묘한 전략이 성공을 보장한다"는 말처럼, 세계적인 기업들은 그들만의 독보적인 '필살기'를 가지고 있다.

'한 가지 특기만 있으면, 어디서든 먹고살 수 있다'는 말이 있다. 물론 '특기'는 누구나 가지고 있지는 않다. 성공한 기업들은 그들만의 특별하고도 뛰어난 관리 노하우를 가지고 있다.

예를 들어 〈포브스〉지가 매년 선정하는 세계 500대 기업 랭킹에서 상위권을 놓치지 않는 월마트는 '직원을 회사의 동반자로' 생각하며 '고객에게 최대한 싼 가격으로 판매하는' 정책으로 유통 부문의 선두주자가 되었다. IBM은 출장 보고서를 관리에 반영하고 'IBM은 서비스 그 자체'라는 정신으로 다른 기업과 차별화하여 '블루 자이언트'(IBM의 파랑색 로고에서 나온 별명)로 불리게 되었다. 마이크로소프트는 우수한 인재들을 등용하여 최고의 대우를 보장하는 경영으로 빌 게이츠를 세계 최고의 부호로 올려놨다.

관리에 있어서 기발한 아이디어는 전진, 진화, 발전으로 이어진다. 기업과 경영자의 입장에서 가장 효과적인 경영 방식은 틀에 박힌 교과서적 아이디어가 아니라 사람들의 허를 찌르는 기발한 발상을 실제로 적용하는 것이다. 특히 위기에 처했을 때 발 빠르게 대처하고 이를 도약의 기회로 삼으면, 제품의 브랜드 이미지와 인지도, 신뢰도를 더욱 높일 수 있다.

기발한 전략으로 승리하는 것은 죽기 살기식의 경쟁과는 다르다. 시장은 거대한 무대와 같고, 그곳에서 모든 기업은 자신에게 주어진 역할을 담당하게 된다. 배우들이 하나가 되어 극중의 역할에 충실할 때 공연이 성공을 거둘 수 있듯이, 기업 간의 협력도 연극을 하는 것과 비슷하다. 적극적인 소통으로 함께 불리한 여건을 극복하고 이윤을 나누면서 각기 발전 가능성을 높여야 효과도 배가된다.

소프트웨어 분야의 1위인 하오제 사는 음료 분야의 1위를 달리는 와하하와 제휴하여 2002년 8월에 대규모 판촉 행사를 열었다. '최고의 즐거움으로 더위를 날려 보내자'라는 주제로 벌인 이 행사에서 와하하의 아이스티를 구입한 손님에게 하오제에서 새로 개발한 게임 소프트웨어를 증정하였다. 업계의 1위 기업들이 협력하여 마케팅 행사를 연 결과, 두 회사 모두 만족할 만한 매출 신장을 기록했다.

구이린의 경치, 황궈수 폭포, 윈난성의 시솽반나, 샹그리라 등은 절경을 자랑하는 지역으로, 서로 경쟁을 하는 관계였다. 하지만 이 관광지들이 모두 서남부 지역에 위치하였다는 점을 이용하여 관광 수입을 올리기 위한 협력 체제를 구축했다. 이렇게 서남주 지역 유명 관광지를 묶은 '남국6주' 패키지 상품은 인기리에 판매되고 있다.

은행과 보험회사는 각기 대출과 경제적 위험을 담보로 하여 이익을 창출한다. 날로 치열해지는 경쟁에서 살아남기 위해 언제부턴가 은행과 보험회사들이 상대적 우위와 공동의 이익을 위해 협력하고 있다. 보험사들이 볼 때 은행의 장점은 지점이 많고, 고객의 수준이 비교적 높다는 점이다. 그리고 은행은 보험 상품을 대리 판매하여 고객에 대한 서비스를 다양화하고, 커미션을 얻을 수 있다.

언뜻 보기에 별것 아닌 것 같은 일도 잘만 이용하면 큰 자산이 될 수 있고, 서로의 장점을 잘 살려서 협력하면 시너지 효과를 얻을 수 있다.

공감대를 형성하여 효율성을 높이는 법

시장의 불안정을 야기하는 주요 원인 중 하나는 시장 상황의 결과와 경쟁자들의 결과에 대한 기대가 일치하지 않기 때문이다. 이런 상황에서 많은 기업들이 기만적인 방법으로 시장을 교란시켜 건전하지 못한 경쟁을 유도한다. 이럴 때 공동의 인식, 즉 컨센서스를 형성하여 문제를 해결할 수 있다. 컨센서스 형성으로 싸움을 피할 수 있는 이유는 경쟁자들이 안정적인 결과를 원한다는 사실에 대한 암묵적 합의가 이뤄지기 때문이다. 다시 말해, 싸움이 일어나면 모두에게 손해라는 사실을 잘 알고 있는 것이다. 이러한 공감대를 형성하여 대안을 마련하면, 불안한 적대적 경영을 방지할 수 있다.

컨센서스는 합리적 가격, 일정 비율에 따른 가격 책정, 지리적 위치 혹은 소비자의 대략적인 시장 점유율 등에 따라 결정된다. 그리고 컨센서스는 합리적이라고 인정하는 수준에서 형성되는데, 대기업들이 이 점을 잘 알고 있어서 모두가 손해를 보지 않는 선에서 원만하게 타결할 수 있다.

경쟁이 발생할 가능성이 있다고 판단되면, 기업들은 다음의 세 가지 조건에 맞는 컨센서스를 찾아야 한다. 첫째, 기업은 최대한 빨리 모두가 수용할 수 있는 컨센서스를 찾는다. 컨센서스를 빨리 형성할수록 비용을 절감할 수 있다. 둘째, 가격 결정 시간을 최대한 단축하면 그만큼 컨센서스는 빨리 형성된다. 셋째, 컨센서스를 형성하는 것이 모두에게 유리하므로 모든 기업이 사용할 수 있는 방법을 최대한 동원한다. 기업의 리스크를 최소화하는 경영 방식에 대해서는 컨센서스를 형성하는 것이 좋다. 그래서 공동 체제를 취하면 더 많은 이윤을 얻을 수 있다.

무엇보다도 기업이 내부적으로 공감대를 형성하는 것이 가장 중요하다. 내부적으로 경쟁적인 분위기를 조성하면, 안일하게 '철밥통'을 지키는 직원들에게 좋은 자극이 된다. 만약 경쟁 체제 없이 모두가 동등한 대우를 받는다면, 근무에 대한 동기가 사라져 대충 시간 때우기 식으로 업무에 임하게 된다. 경쟁을 통해 상과 벌을 분명히 하면, 직원들의 적극성과 창의력이 높아져 조직 전체가 활력을 띠게 된다.

반면에 모든 경쟁에는 부작용이 따르기 마련이므로, 먼저 내부적으로 공감대를 형성하여 경쟁이 과열되지 않도록 신경을 써야 한다.

과도한 경쟁은 단결을 막게 되며, 더 나아가 생산성을 크게 떨어뜨릴 수도 있다. 그러므로 경영자는 직원들 사이에 암투가 벌어지기 전에 신중하게 대처하고, 경쟁을 위해 비열한 행위를 하는 직원은 철저히 제지해야 한다. 예를 들어 경쟁에서 이기기 위해 사실을 왜곡하거나 수치를 변조하는 등의 행동은 공정한 경쟁 시스템을 저해한다.

경쟁에는 스트레스가 따르기 마련이지만, 적절한 스트레스는 동력이 되고, 동력은 활력으로 발전할 수 있다. 기업이 경쟁 시스템을 도입할 때는 먼저 직원들에게 경쟁의 필요성을 설명하고, 건전하게 경쟁하도록 안내해야 한다. 이런 면에서 경쟁에 대한 컨센서스는 기업의 발전에 있어서 매우 중요한 역할을 한다. 기업의 활력은 모든 직원의 발전 욕구와 업무에 대한 성실함, 개인의 활력 등이 어우러진 결과다. 따라서 경영자들은 직원들이 활기차게 업무에 임할 수 있도록 일에 대한 자부심과 성장 욕구를 키워 주어야 한다.

건강한 조직은 조화와 협력에 의해 만들어진다

인간은 환경의 영향을 받고, 직원들의 행동방식은 기업의 제도에 의해 달라진다.

옛날 한 나라의 밀림에 '공동의 운명'이라 불리는 머리가 둘 달린 새가 있었다. 이 새의 머리들은 서로 운명을 함께해야 하기 때문에 먹이를 찾거나 둥지를 틀어야 하는 등 중요한 일이 생길 때마다 서로 상의하여 움직였다. 그러던 어느 날, 머리 한 개가 다른 머리를 오해하는 바람에 서로 원수처럼 지내게 되었다. 한쪽 머리는 예전처럼 잘 지내고 싶었지만, 다른 머리는 화해하고 싶은 마음이 전혀 없었다.

얼마 후 두 머리가 먹이 문제로 심하게 싸웠다. 선량한 머리는 몸에 좋은 먹이로 체력을 키우자고 했지만, 다른 머리는 독초를 먹어 상대 머리를 없애고 싶어 했다. 의견을 조율하지 못한 두 머리는 각자 원하는 것을 먹었다. 결국 새는 독초를 너무 많이 먹어서 죽고 말았다.

성공적인 경영자는 고객의 요구를 적극적으로 파악하고, 내부적인 단합을 이끌어 내며, 개개인의 개성과 차이를 존중한다. 경영관리에서 중요한 기능 중 하나는 직원들의 다양성과 차별성을 수용하면서, 동시에 의도적으로 혹은 자연스럽게 차별성을 강화하여 다양성이 인정받는 유연하면서도 협조적인 조직을 만드는 것이다. 영국의 자유당 대표였던 데이비드 스틸은 "협력은 모든 조직의 성장을 가능하게 하는 토양이다"라고 하였다.

2003년 말, 미국 메이저리그 시애틀 매리너스의 스타 알렉스 로드리게스는 여러 구단의 스카우트 대상이 되었다. 그는 연봉 2,000만 달러 외에 훈련장에 자신만의 펜스를 설치해 주고, 전용기를 달라는 등의 특별한 대우를 요구했다. 얼마 후 로드리게스는 자신에게 각별한 정성을 보이던 뉴욕 메츠 구단이 그에 대한 스카우트 제안을 취소하겠다는 뜻밖의 결정을 내리자 매우 놀랐다. 뉴욕 메츠는 로드리게스의 조건을 충분히 수용할 수도 있지만, 그로 인해 구단 전체에 미치는 악영향을 고려할 수밖에 없었다고 발표했다. 그의 조건을 모두 수용한다면 25명의 선수들이 단합되지 못하고, 24명의 일반 선수와 특별한 선수 1명으로 구성된 조화롭지 못한 팀이 된다는 것이 스카우트 제안을 취소하는 이유였다.

협력은 단순히 인력을 합하는 것이 아니라 복잡 미묘한 관계를 잘 조율하여 모든 구성원이 일치단결하게 만드는 것이다. 한 사람의 능력이 1이라고 할 때 10명의 협력 결과는 10이상이 되어야 하지만, 때로는 1도 안 될 수 있다. 에너지가 각기 다른 사람이 서로 힘을 합하면, 생각지도 못한 힘을 발휘할 수 있다. 하지만, 서로를 배척하면 아무 일도 할 수 없다.

협력체제가 원활하게 돌아갈 때 복잡한 일을 단순화할 수 있고, 단순한 일을 더 쉽게 만들어 효율성을 끌어올릴 수 있다. 협력은 기업의 복잡함을 해소하고, 전문화와 표준화를 돕는다. 성문화된 관리 제도와 팀워크는 기업의 발전을 이끌어내는 데 각기 30퍼센트와 70퍼센트를 차지한다. 구성원들은 저마다의 장단점을 가지고 팀 안에서 각자의 역할을 수행한다. 이들이 서로 보완하는 관계를 유지할 때, 협력은 시너지 효과를 보여준다.

조직 내에서의 협력은 우리 몸의 혈관과 매우 비슷하다. 혈관이 튼튼해야 생명 활동이 원활하게 이뤄지듯이, 구성원이 서로 협력할 때 조직도 건강하게 돌아갈 수 있다. 협력이 제대로 이뤄지지 않으면 조직이 원활하게 작동하지 못하고, 이것이 심한 경우 무너지고 만다.

공정한 경쟁은 조직의 활력소가 된다

많은 기업들이 경쟁 상대를 '냉혹하게 공격하여 무너뜨려야 한다'는 생각을 가지고 있다. 경쟁자를 제거하는 것이 영구불변의 정당한 철칙으로 여기는 것인데, 이런 잘못된 관념은 시장을 붕괴시키고 기업의 발전을 저해하는 요인이 된다.

요즘에는 세계 어디를 가도 개성 있고 품질이 좋으면서 가격이 저렴한 상품들이 많다. 이제 자본력, 차별화, 전문화만으로는 경쟁에서 살아남기 힘든 상황이다. 이에 대한 대안으로 일부 기업과 공급업체들은 기존의 경계를 무너뜨리고 공동의 이익을 위해 연합하여 서로의 역할과 활동을 조정하고 있다. 어떤 기업들은 고객과 공급업체의 이익을 충분히 보장함으로써 자사에 대한 충성도를 높인다. 개방적인 기업들은 모든 정보를 철저하게 숨겼던 과거와 달리 핵심 기술과 정보를 제외한 대부분의 정보와 자료를 공개하여 고객과 공급업체가 공동의 이익을 위해 협력하도록 유도한다. 이 밖에도 상생을 위한 협력 관계를 체결하여 생산성을 높이는 기업들도 있다.

경쟁에 대한 인식과 관점은 기업마다 서로 다를 수 있다. 그러나 대부분의 미래 지향적인 경영자들은 기존의 기업과 소비자, 기업과 공급업체 간의 협력 관계가 효율적이지 못하다고 판단하여 새로운 경쟁 전략을 제시하고 있다. 즉, 협력과 경쟁을 통해 이익이라는 '파이'를 함께 키워 높은 수익을 취하는 것이다.

협력 관계 속에서 경쟁을 벌이는 것은 기업 안에서도 일어나는 일이다. 경영자는 직원 사이에 경쟁을 유도하여 생산성을 높일 수 있으며, 이것은 건전하게 경쟁이 유지되는 선에서 바람직한 방법이라고 할 수 있다.

심리학에서는 경쟁이 사람들의 창의력을 50퍼센트 이상 끌어올리는 효과가 있다고 말한다. 사람은 누구나 발전 욕구, 자존심, 승부욕 등을 가지고 있기 때문에 경쟁이 가장 효과적으로 발전 욕구를 자극하며, 직원을 격려하는 가장 좋은 수단이 될 수 있다. 경쟁이 없다면, 조직이나 개인이 잠재되어 있는 역량을 제대로 발휘하지 못할 것이다.

현재 중국의 여러 기업들이 직면하고 있는 생산성 하락, 직원들의 나태함, 무사안일주의 등의 현상은 기본적으로 경쟁이 없기 때문에 일어나는 것이라고 할 수 있다. 이러한 문제의 심각성을 인지한 경영자들은 가능한 모든 방법을 동원하여 경쟁 시스템을 도입하려 한다.

경쟁의 방법에는 여러 가지가 있다. 예를 들어 판매, 서비스, 기술 비교 등에는 경합의 방식을 적용할 수 있다. 공개 투표, 직위 경쟁, 공통 과제를 통한 연구 경쟁, 문제 해결책에 대한 평가 등도 좋은 방법이 될 수 있다. 이 외에도 정기적인 실적 공개, 우수 직원 선정 등의 보이지 않는 경쟁도 효과적인 방법이다. 경쟁의 방법은 회사의 상황에 따라 적절한 것을 선택하여 적용하면 된다.

경쟁 체제를 도입할 때는 그것이 과학적이고 합리적이면서 공정한지 꼼꼼하게 확인해야 한다. 부정한 경쟁을 방지하기 위해서는 먼저 단체정신을 함양해야 한다. 경우에 따라 새로 도입한 방법이 직원들을 고무하기보다 오히려 사기를 저하시키거나 좌절감을 느끼게 할 수도 있다. 만일 경쟁에서 이긴 직원이 야유를 받는다면, 경쟁 규칙에 문제가 있다고 볼 수 있다. 이럴 경우 경쟁에 참여한 사람들이 결과를 수용하지 못할 것이다.

불공정한 경쟁은 축구 시합에서 심판이 한 팀에 일방적으로 유리한 판정을 주는 것과 같다. 또 다른 비유를 하자면, 이사 자리를 놓고 여러 명이 경쟁을 벌이는 가운데 내부적으로 이미 정해진 사장이 있는 것과 같다. 이러한 경우, 나머지 사람들이 경쟁적으로 일할 의욕이 있겠는가? 판매 경쟁을 벌였을 때, 목표를 달성하지 못한 직원도 똑같이 상을 받게 된다면 경쟁은 전혀 의미가 없어진다. 공정함을 잃으면 경쟁이 아무런 의미가 없기 때문에, 경쟁은 공정해야만 본래의 목적을 성취할 수 있다.

정당하지 못한 경쟁을 방지하려면, 먼저 팀워크를 단단히 다져야 한다. 경쟁의 목표가 단체의 발전을 위한 것이지, 과열 경쟁으로 인해 상처를 입히기 위한 것이 아님을 분명히 해야 하는 것이다. 두 번째로 모두가 공감하고 직원들에게 동기를 부여하는 공동의 목표를 정확하게 명시해야 한다. 세 번째로 주의해야 할 점은 경쟁의 내용과 형식을 잘 점검하여 적대적이고 상대에게 피해를 주는 경쟁적 요소를 없애는 것이다. 네 번째로 공동의 적을 찾아내어 직원들의 대항 의식을 제거해야 한다. 마지막으로 주의해야 할 사항은 서로 비난하거나 비협조적으로 행동하지 못하도록 사전에 방지하고, 협력을 도모하면서 정당한 경쟁을 할 수 있는 분위기를 만드는 것이다.

경쟁은 양날의 검 같아서 잘 이용하면 회사 전체적으로 실적을 높이고, 직원들의 적극성을 이끌어 낼 수도 있다. 그런데 경영자가 내부 경쟁을 원치 않는다면, 직원들의 성장과 성취욕을 꺾을 수도 있다. 경쟁을 하기 전에는 누구도 결과를 예측할 수 없다. 다만 최대한 서로 협력하면서 경쟁한다면, 경쟁의 부정적인 영향을 줄일 수 있다.

관용과 엄격함이 조화를 이뤄야 한다

월마트의 창립자 샘 월튼은 복잡한 관리 제도를 한마디로 '소통'이라고 축약하였다. 샘 월튼과 중역들이 1주일에 며칠씩 비행기를 타고 다니며 각 지역의 매장을 돌아보고 위성통신을 이용하여 매주 토요일에 회의를 하는 이유는 모두 다 소통을 위해서이다. 월마트의 성장으로 매장 수가 급격하게 늘어나자, 모든 매장의 책임자들이 아칸소 주 벤턴빌에 소재한 본사와 직접 이야기를 나누기가 어려워졌다. 이러한 문제를 해결하기 위해 월마트는 지역마다 대표를 선발하여 본사에서 회의를 열어 의견을 수렴하고, 그 결과를 지역 대표들을 통해 각 지역 매장의 책임자들에게 전달하였다.

회사의 규모가 커지면, 권한을 효과적으로 분산시켜야 한다. 샘 월튼은 권한을 적절히 부여하면서 동시에 자율성과 통제가 조화를 이룰 수 있도록 주의를 기울였다. 한편으로는 각 매장들이 회사의 규정을 지키도록 관리하고, 다른 한편으로는 점장들이 현장에서 고객의 요구에 맞춰 책임지고 경영하도록 허용하였다. 샘 월튼은 월마트의 성장세에 따라 실력 있는 인재들을 더 많이 확보하여 마음껏 역량을 발휘하도록 하였다. 실제로 이들은 샘 월튼이 잘 모르는 분야, 예를 들어 배송 및 데이터 처리 시스템 등을 개발하여 회사에 큰 유익을 끼쳤다.

대기업들은 성장과 함께 조직이 급격하게 확장되는 경향이 있다. 그런데 불필요한 조직의 확대는 발전에 방해가 되고, 나아가 경쟁에서 뒤처지게 되는 결과로 이어질 수 있다. 샘 월튼은 이런 문제를 미리 간파하여 조직을 정예화하는 데 특별히 힘썼다. 1960년대 말에 샘 월튼은 월마트 매장 12개, 프랭클린 매장 15개를 가지고 있었지만, 관리직은 본사의 임원 1명과 직원 3명, 그리고 각 매장의 매니저가 전부였다. 1960년대 초반에 매장이 5개였을 때, 샘 월튼은 회사의 사무비용이 매출의 2퍼센트 이상 차지하지 못하도록 제한하였다. 1990년대까지 월마트의 사무비용은 30년 동안 줄곧 2퍼센트 이하를 유지해왔다. 이것은 전산망과 매장 유지비용까지 포함된 것이다.

월마트의 관리는 1개 분점에 1명의 매니저와 최소 2명의 부매니저가 36명의 상품 매니저를 관리하는 방식이다. 이러한 관리 구조는 기본적으로 창업 초기의 단순한 소수 정예식의 효율성을 추구한다는 원칙에 따른 것이다. 이처럼 샘 월튼은 합리적이고 체계적인 관리로 조직의 비대화, 권한과 책임 소재의 모호함을 방지하면서 조직 전체의 효율성을 꾀하였다.

관리학의 관점에서 볼 때, 유머는 단순히 유치한 장난이나 농담을 하는 것이 아니라 생산성을 높이기 위한 경영자의 목적성을 띠고 있다. 왜 유머가 있는 관리 방식을 채택하는 것일까? 이에 대한 답은 날로 치열해지는 경쟁과 불안한 경제 상황, 직원들의 과도한 스트레스 등에서 찾을 수 있다. 안정적인 발전을 위해 회사에는 신뢰할 수 있는 직원이 필요하다. 따라서 직원들의 책임감과 사기를 진작시키기 위해서는 자발성과 창의성을 자극하는 것이 좋다.

한 회사의 CEO가 신입 직원들을 상대로 오리엔테이션을 진행하면서 회사에 대한 질문과 건설적인 제안을 하라고 권하였다. 얼마 후 비서가 신입 사원들의 의견이 담긴 메모지를 가지고 왔고, CEO는 일일이 답변하였다. 그런데 마지막 메모지에 '바보'라는 단어가 적혀 있었다. CEO는 순간적으로 기분이 나빴지만, 마음을 진정시키고 호탕하게 웃으며 말했다. "오늘은 자기 이름만 쓰고 의견을 적지 않은 신입 직원의 쪽지를 받았습니다." 만약 그가 바로 화를 냈다면, 분위기는 전혀 달라졌을 것이다. 하지만 그의 여유로운 대처와 유머로 그 '바보'는 머쓱해졌고, CEO의 인간적인 매력이 더욱 부각되었다.

유머는 아무나 구사할 수 없는 것이다. 세상사에 달관하고 성품이 유하고 포용력이 있어야 유머도 가능하다. 가끔씩 부하 직원들과 가볍게 말씨름을 하여 친근감을 높이는 것도 일종의 유머라고 할 수 있다. 이것을 위해 휴식 시간에 부하 직원들과 수직적인 관계를 벗어나 자유롭게 이야기하며 서로를 이해하는 시간을 갖는 것도 좋다. 세

공존과 상생을 위한 하모니 리더십

계적인 다국적 기업들 중에 이러한 유머의 중요성을 알고 일상적인 경영과 직원 훈련에 적용하는 경우도 많다. 직원 관리에 유머를 활용하면, 딱딱한 지시가 주를 이루는 경영이 얼마나 비효율적인지를 알게 될 것이다.

갈등 해결은 건강한 조직을 위한 필수요소

기업에서 발생하는 긴장과 갈등을 해결하기 위해서는 사람들의 보편적인 심리를 존중하면서 이성을 가지고 스스로 문제를 해결하도록 하는 것이 바람직하다. 부정적인 감정이 심리에 끼치는 영향을 고려한다면, 갈등 해소를 위해 화목하고 평화로운 분위기를 만드는 것이 매우 중요하다. 소니SONY사가 고안해낸 '5개의 화를 식히는 방'은 갈등을 재미있게 해결하는 방식으로 굉장한 효과를 얻었다. 이것은 갈등을 겪고 있는 직원들이 다섯 개의 방을 지나면서 스스로 문제를 풀게 하는 것이다.

첫 번째 방은 '하하 거울의 방'이다. 화가 잔뜩 난 직원 두 명(경우에 따라서는 더 많을 수도 있다)이 이 방에 들어가서 거울을 보면, 우스꽝스럽기도 하고 기이한 자신의 모습을 보고 웃음을 참지 못한다(방에는 얼굴을 과장되게 왜곡하고 변형시키는 특수 거울이 걸려 있다). 그들이 소리 내어 웃는 사이 고민과 괴로움은 자연스럽게 가라앉는다.

두 번째 방은 '오만의 방'으로, 여기에는 건방지면서도 상대를 무시하는 듯한 표정의 고무로 된 조각상이 놓여 있다. 방에 들어간 직원들은 이 조각상을 마구 때리고 자신의 분노를 실컷 쏟아부은 뒤 마음의 평정을 되찾는다.

세 번째 방은 '탱탱볼 방'이다. 화가 난 사람이 벽에 걸린 탱탱볼을 잡아 당겼다가 놓으면 튕겨져 나온 공에 맞게 된다. 그것을 본 옆에 있던 직원이 "아파요?"라고 물으면서 자연스럽게 서로의 고충을 나눈다. 이것은 '뉴턴의 법칙'을 이용하여 분노가 결국은 자신을 해친다는 사실을 깨우쳐주는 것이다.

네 번째 방은 회사, 즉 사용자가 직원들을 어떻게 생각하고 그들에게 관심을 가지고 대하는지를 알려 준다. 네 개의 방을 거치고 나서 마지막으로 다섯 번째 방에 들어가면, 회사의 사장이 기다리고 있다.

다섯 번째 방은 '대화의 방'이다. 네 개의 방을 지나면서 직원들은 스스로 갈등을 해결하는 방법을 깨닫게 되고, 겸허하게 비판을 수용할 수 있는 마음의 자세를 갖게 된다. 그런 상태로 다섯 번째 방에 가면, 사장이 갈등을 겪고 있는 직원들을 화해시키고 격려를 한 후 상을 준다.

한 회사에 같이 일하다 보면 직원들끼리 신경전을 벌이거나 충돌하게 되는데, 이것은 얼마든지 사전에 피할 수도 있다. 이럴 때 가장 효과적으로 문제를 해결하는 방법은 서로 이성을 되찾아 '전쟁 직전'의 상황을 '데탕트' 무드로 바꾸는 것이다. '인화'는 기업이 유지되는 데 있어 그 무엇보다도 중요하다.

개인의 발전이 곧 조직의 발전이다

경영자가 자신을 낮추고 겸허한 자세를 보이는 것은 사람들의 마음을 얻는 좋은 방법이 될 수 있다. 주공(기원전 12세기에 활동한 주나라의 정치가로 성은 희, 이름은 단이다)이 입에 넣었던 밥을 세 번이나 뱉으면서 자리에서 일어나 현인을 맞았다는 '일반삼토포'(一飯三吐哺)의 고사는 인덕이 높은 사람이 겸허하게 처신하는 본보기로 잘 알려져 있다.

주공은 무왕이 죽은 후 어린 성왕을 잘 모셨다. 그는 나라를 안정시키고 영토를 확장하기 위해 훌륭한 인재들을 두루 등용하여 극진하게 대접했다. 아들 백금이 봉지인 노나라의 왕으로 가게 되자 주공은 다음과 같이 말했다. "이 애비는 출신, 권력, 지위 어느 하나 남에 비해 뒤지지 않는다. 누가 나보다 더 높은 위치에 있다고 할 수 있겠느냐. 하지만 나는 훌륭한 인재들을 얻기 위해서라면 목욕을 하다가도 젖은 머리로 달려갔다. 식사 중에 인재가 찾아오면 즉시 젓가락을 내려놓고, 입 안의 밥을 뱉은 후 공손하게 그들과 이야기를 나누었다. 그럼에도 나는 여전히 천하의 어진 사람들이 내가 교만하며 존경할 만하지 않다고 여길까 두렵고, 그들에게서 믿음을 잃을까 염려한다. 그러니 너 또한 노나라의 임금이 되더라도 절대로 자신의 권력을 믿고 사람들을 쉽게 보아서는 안 된다. 언제나 진심으로 현인들을 존중하고 아껴야 한다."

이렇듯 주공이 훌륭한 인재들을 존중하고 아낀 일화는 후대 사람들에게 큰 교훈이 되었다. 조조는 '단행가'라는 시에서 '산은 높은 것을 마다하지 않고 바다는 깊은 것을 마다하지 않네. 주공은 씹던 음식마저 뱉고 손님을 맞이하여 천하의 마음이 그에게 돌아갔다'라고 노래하였다. 주공이 높은 지위에도 불구하고 겸손하게 인재들의 마음을 얻기 위해 노력한 것을 본받겠다는 의지를 표현한 것이다.

유능한 경영자가 되기 위해서는 우수한 인재를 등용하여 회사의 발전을 위한 동력으로 삼아야 한다. 그리고 훌륭한 인재를 관리를 비롯하여 기술 마케팅, 홍보 등 각 분야에 고루 배치해야 한다. 또한 당장에 필요한 인재뿐 아니라 장기적으로 기업에 필요한 사람들을 양성해야 한다. 다양한 분야에 장기적으로 키운 인재들이 있을 때, 기업은 역량을 최대한 발휘할 수 있다.

경영의 대가로 알려진 톰 피터스는 기업이나 비즈니스에 있어 가장 중요한 자원은 바로 사람이며, 인력 자원을 개발하는 것이 경영이라고 강조하였다. 따라서 인재를 발굴하고 키우는 것은 기업과 국가가 놓치지 말아야 중요 과제로, 꾸준하게 지속적으로 진행되어야 한다. '경영학의 아버지'로 불리는 피터 드러커는 현대의 기업들이 '학습형 조직'에 만족하지 않고 '가르침과 배움이 병행되는 조직'이 되어야 한다고 주장하였다. 기업의 구성원들이 즐겁게 배우고 경험과 기술을 공유하면서 활발하게 소통하는 문화가 정착되어야 한다는 것이다. R. 칸트 교수는 "이제 기업은 훈련으로 신뢰 관계를 맺고, 신뢰로 인사 평가를 대신해야 한다"는 말로 교육과 훈련이 직원들의 업무 능력과 자질을 높이는 데 얼마나 중요한지를 강조하였다.

많은 경영자들이 인력 양성에 투자하는 비용에 비해 짧은 기간

내에 효과를 보지 못한다고 생각한다. 그러나 이러한 사고방식은 매우 잘못된 것이다. 1980년대에 모토로라가 실시한 연구에 의하면, 직원들이 1달러의 직업 훈련을 받으면 3년 내에 40달러의 생산 효과를 볼 수 있다고 한다. 그러나 많은 기업들이 훈련의 중요성과 효과를 외면한 채 일방적으로 직원들에게 업무 효율성과 제품의 질을 높이라고 요구한다.

문제는 낡고 진부한 지식과 기능으로 버티는 직원들이 대다수인 회사에서는 제품의 질과 생산성을 높이기 어렵다는 것이다. 더욱이 많은 관리자들이 직원 훈련의 효과에 무지하여 자금과 인력 부족을 이유로 직원들의 재교육에 관심을 갖지 않는다. 심지어 자발적으로 배우려는 직원들에 대해 달가워하지 않다. 최악의 경영자는 직원들의 자질 향상이 언제가 자신의 자리를 위협하는 결과로 이어질 수 있다는 잘못된 생각을 가진 사람이다.

사회가 하루가 다르게 급변하는 만큼 각 분야의 지식도 하루가 다르게 새로워지고 있다. 이런 상황에서 직원들이 새로운 지식을 접하지 못한다면, 결국 이 사회에서 낙오될 수밖에 없다. 직원들이 교육과 훈련을 받아야 하는 이유는 새로운 지식과 기능을 익히고 기존의 업무 능력을 향상시키기 위해서이다. 만약 직원들이 새로운 지식과 기능으로 무장하지 않으면, 새로운 지식을 활용할 기회를 놓치게 되고, 우수한 직원조차 최첨단의 기술을 익혀서 전문가로 성장할 수도 없다.

직원의 자질을 향상시키기 위한 교육과 훈련은 경영자가 책임져야 할 중요한 업무다. 일본의 일부 기업들은 CEO가 직원을 육성하는 책임과 능력을 갖춰야 한다는 규정을 명문화하고 있다. CEO는 직원 교육을 회사의 미래를 위한 투자로 생각하는 경영 철학을 가져야한다. 과거 몇 년 동안 많은 회사의 CEO들이 직원들의 재교육을 전략적 목표로 삼았다. 장기적인 비전도 중요하지만, 직원들의 지식과 기능을 향상시키지 않으면 비전을 실현하기 어렵다는 사실을 인식했기 때문이다. CEO는 직원들이 언제나 도전을 받아들이고 의욕이 충만하도록 독려해야 한다. 그러면 직원들은 자연스럽게 새로운 지식을 습득하게 되고, 이를 통해 기업은 꾸준히 성장할 수 있다.

인재를 적소에 배치하여 능력을 발휘하게 하고, 적절한 보상과 더불어 상벌 규정을 분명히 하면 구성원들은 자기 계발에 힘쓰게 된다. 조직과 구성원 개개인의 노력이 더해질 때, 안정적이면서 발전 지향적인 기업 정신이 빚어지게 된다.

기업의 사회적 책임은 선택이 아니라 원칙이다

노자는 '도'(道)를 귀중히 여기고 경건하게 섬겼다. 도에 대한 노자의 경외심은 자연과 자연의 법칙에 대한 믿음에서 온 것이다. 그가 생각하는 도에는 우주와 인생에 대한 심오한 통찰과 강렬한 직감, 그로 인한 깊은 깨달음과 체험이 담겨 있다.

기업의 생존과 발전은 '도'와 밀접한 관계가 있다. 기업은 발전 과정에서 많은 문제와 갈등을 겪게 되지만, 궁극적으로 사회 발전, 환경 변화와 같은 것들과 조화 및 통합을 이루게 되기 때문이다.

관리의 시각에서 볼 때, 기업은 기본적으로 경제 조직이면서 동시에 다양한 요구와 환경, 사회, 윤리 및 도덕성, 관습 등에 적응해야 하는 사회적 조직이다. 만약 사회적 규율이나 요구에 따라가지 못한다면, 기업은 존립 자체가 어려워질 수 있다.

닝샤의 제지 업체들이 배출하는 폐수의 79퍼센트가 황허로 유입된다. 이 업체들이 장기간 불법적으로 배출한 수천 톤의 폐수로 인해 60만 킬로그램에 달하는 어류가 죽었고, 인근 지역의 주민들은 수돗물을 거부하고 안전한 식수를 구하러 다녀야 했다. 이익만을 추구하는 기업들의 이기심 때문에 환경이 심각하게 파괴되고 주민들이 불안에 떨자, 정부에서는 조사에 착수했다. 그제야 제지 업체들은 뒤늦게 사후 대책을 강구하거나 공장이 강제로 폐쇄되는 조치를 당했다.

마쓰시타 고노스케와 함께 '경영의 신'으로 불리는 이나모리 가즈오 교세라 명예회장은 회사의 역할을 다음과 같이 정의했다. "회사는 경영자 개인의 꿈을 이루는 곳이 아니다. 회사는 전체 구성원의 물질적·정신적 행복을 추구함과 동시에 사회 발전에 기여해야 한다."

'이윤 추구'는 기업의 중요한 목표이지만, 여기에 전제되는 조건을 잊어서는 안 된다. 지나친 이익 추구가 장기적으로 기업의 발전을 가로막는 '걸림돌'이 될 수 있다는 사실을 말이다.

경제의 글로벌화가 가속화되면서 상당수의 다국적 기업이 생산 공장을 개도국으로 옮기자 개도국들이 빠르게 경제 발전을 이루게 되었다. 하지만 환경오염과 노동자들의 인권 침해 등이 심각한 문제로 대두되면서 다국적 기업의 이미지가 실추되고, 성장이 정체되고 있다. 이러한 현상은 기업의 장기적인 발전에 큰 타격이 될 것이다.

기업 또한 사회의 일부이기 때문에 생존을 위해 반드시 지켜야 할 원칙들이 있다. 그중에서도 '조화와 상생'은 기업이 놓쳐서는 안 되는 중요한 원칙이다. 기업의 지속적인 발전을 위한 '조화와 상생'은 일찍이 옛 성현들도 깨달은 바다. 〈주역〉에서는 "대인의 덕은 천지와 일치하고, 밝기는 해와 달과 일치하며, 질서는 사계절과 일치한다"라고 하였다.

이익이나 경쟁과 같은 파괴적인 가치에 치우친 경영자들은 고대의 지혜를 통해 사람 및 자연과 조화를 이루기 위한 방법을 찾아야 기업을 오래도록 유지하고 발전시킬 수 있을 것이다.

한 대기업에서 벽촌 청소년들의 스포츠 활동을 적극적으로 지원한다는 소식이 알려졌다. 이렇게 사회적 책임을 이행하는 것은 기업 경영에 긍정적 영향을 줄 뿐만 아니라, 이미지를 개선하는 데도 큰 도움이 된다. 독일의 세계적인 미디어 그룹 베텔스만의 라인하트 전임 회장은 "사람들의 삶을 향상시키는 데 이바지하고자 하는 기업은 그러한 마인드 덕분에 창의력과 생산력이 향상되는 수확을 얻게 된다"라고 하였다. 사회적 책임을 분담하는 기업들이 더욱 많은 이윤을 얻고 지속적으로 발전한다는 사실은 수많은 연구와 조사를 통해 증명되었다.

기업이 사회적 책임을 외면하면서 이익만을 추구하는 시대는 이미 지나갔다. 새로운 개념의 경영은 '다각적인 사고를 기초로 변증법적인 방식을 통해 조화와 상생을 목표'로 하는 것이다. 이전보다 훨씬 차원이 높은 철학적이고 이성적인 경영관이 출현한 것이다.

독일 최대의 전기·전자기기 제조 회사인 지멘스는 '고객 중심'의 가치를 구현하기 위해 서비스 개선과 확대에 많은 정성을 기울이고 있다. 지멘스 그룹 내의 핵심 사업을 담당하고 있는 사업 자동화 사업본부(지멘스 A&D)는 중국에도 전국적인 서비스 네트워크를 구축하고 있다. 서비스센터는 고객이 전화를 하면 궁금한 사항에 답변을 해주고, 현장 서비스나 수리 방법 안내 등의 서비스를 제공한다. 이러한 지멘스의 적극적인 서비스는 중국 시장 점유율을 높이는 데 크게 기여하였다.

지멘스 A&D의 최고재무책임자CFO인 마티아스 플래처는 중국에서의 위상과 성과에 대해 다음과 같이 만족감을 드러냈다. "우리 그룹은 중국에서 아주 좋은 표지sign를 가지고 있다. 지멘스 A&D의 A와 D를 세로로 놓으면 한자 '合'과 같은 모양이 된다. 이는 중국과 지멘스 A&D가 끈끈하게 결합되어 있다는 의미로 볼 수 있다. 지멘스 중국 주식회사는 통상적 의미의 외자 기업이 아니라 전형적인 중국 회사가 되었다. 그 이유는 우리가 중국의 경제와 사회에 뿌리를 깊이 내렸기 때문이다."

21세기가 요구하는 리더의 필수적인 덕목은 다름 아닌 '조화와 상생'의 정신이다. 리더는 사회를 구성하는 세포와 같으며, 사회도 리더의 적극적인 참여와 상생 정신을 통해 성장하고 발전한다. 가정, 조직, 민족, 국가 등은 평화로운 상생이 필요하고, 리더는 인간 및 자연과의 더욱 친밀한 관계와 조화를 추구해야 한다.

공존과 상생의 정신

많이 베풀수록 많이 거둔다

전국시대에 중산국의 왕이 군사들을 위해 잔치를 베풀었다. 왕은 군사들에게 양고기 국을 나눠 주었는데, 국이 부족하여 대부인 사마자기(司馬子期)가 먹지 못했다. 모욕감을 느낀 사마자기는 홧김에 초나라로 가서 왕에게 중산국을 공격하라고 부추겼다.

그렇게 일어난 전쟁에서 패하여 피난길에 오른 중산국의 왕을 두 명의 사내가 뒤에서 호위했다. 왕이 어찌된 영문인지 묻자 그들은 이렇게 말했다. "저희 아버님들이 굶어 죽게 되었을 때, 왕께서 물에 밥을 말아 주셔서 살리셨습니다. 그 후 두 분은 돌아가실 때 '왕이 어려움에 처하시게 되면, 너희가 우리 대신 목숨을 다해 보답하라'는 유언을 남기셨습니다. 그래서 저희는 무슨 일이 있어도 왕을 끝까지 지켜드리기로 다짐했습니다." 왕은 하늘을 올려다보며 탄식했다. "남에게 베푸는 것은 많고 적음이 문제가 아니라 그 사람이 어려울 때 돕는 것이 중요하구나. 남에게 원한을 사는 것도 사연의 심각함 때문이 아니라 상대의 마음을 상하게 하기 때문이구나. 내가 국 한 그릇 때문에 도망 다니는 신세가 되었지만, 밥 몇 숟가락으로 목숨을 바쳐 나를 지켜주는 사람을 얻었구나!"

중산국 왕이 말한 '베푸는 것과 얻는 것'의 이치는 노자의 "얻으려면 반드시 먼저 주어야 한다"는 가르침을 생각나게 한다. 경영뿐 아니라 어떤 일이든 잃는 것이 있으면 얻는 것이 있고, 얻는 것이 있으면 반드시 잃는 것이 있기 마련이다. 그러니 잃게 될 것을 과감히 포기하면, 비로소 얻을 것을 얻게 되는 것이다. 물론 잃는 것보다 얻는 것이 더 많아야 바람직한 경영이라고 할 수 있다.

"얻고 싶은 것이 있다면 먼저 내주어야 한다"는 말은 삶의 지혜이자 정치적으로도 아주 유용한 교훈이다. 천하를 다스리는 왕을 비롯하여 대군을 통솔하는 장군, 부와 명예를 가진 귀족과 평범한 소시민, 백만장자와 무일푼의 백수 모두 이 지혜를 실천할 수 있다. 다시 말해서, 손 안에 있는 꿩을 풀어 놔야 봉황을 잡을 수 있는 것이다.

먼저 손해를 감수한 후 수익을 보는 것은 도가의 '얻으려면 주어야 한다'는 가르침을 현실에 적용하는 것이다. 실제로 두뇌가 명석한 경영자들은 손해를 먼저 본 뒤 더 많은 이익을 취하는 전략을 펼치곤 한다.

항저우 중야오 사는 '칭춘바오'를 개발한 뒤 홍콩 상공업협회의 종신 명예 회장 차이더허에게 미국 시장 진출 방법을 자문했다. 차이

더허는 미국 대도시의 주요 호텔에 제품을 무상으로 제공하여 손님들이 직접 사용해 보게 하라고 조언하였다. 펑건성 사장은 오랜 고민 끝에 칭춘바오 5만 개를 미국 주요 도시에 있는 호텔에 무상으로 배포했다. 사실 이것은 다소 무모한 도전처럼 보였다. 그런데 이런 과감한 시도로 칭춘바오의 인지도가 급격하게 높아져 미국뿐 아니라 45개 국가에 수출하여 수억 달러의 수익을 올렸다.

1991년 말, 항저우의 음료 회사 와하하는 과일 우유 출시를 앞두고 신문에 제품 광고를 실었다. 광고의 내용은 사흘간 30만 병의 과일 우유를 공짜로 마시게 해준다는 것이었다. 시음 행사 첫날에는 14만 병, 이튿날에는 20만 병의 제품을 나눠 주었다. 원래는 사흘만 행사를 할 예정이었지만, 반응이 아주 좋아서 사흘간 더 행사를 진행했다. 행사 기간 동안 무료로 나눠준 과일 우유는 모두 50만 병이었다. 그렇게 소비자들에게 제품을 선보인 결과는 믿기 힘들 정도였다. 정식으로 판매를 시작하자마자 수요가 폭발하여 공장 앞은 제품을 실어 나르기 위해 몰린 차량으로 북적댔다. 대리점들은 먼저 대금을 지불하고 제품을 받아가는 등 전국적으로 선풍적인 인기를 얻어 와하하는 엄청난 수익을 기록했다.

여성 청결제 '제얼인'을 판매하는 쓰촨의 언웨이 사의 쉐융신 회장은 '선적자 후흑자' 3단계 전략을 폈다. 그는 시장을 장악하기 위해서는 필수적으로 세 가지 단계를 밟아야 한다고 생각하였다. 첫 번째 단계에서는 소비자에게 제품을 알리고, 두 번째 단계에서는 제품에 대해 이해시키고, 세 번째 단계에서부터 수익을 기대할 수 있다는 것이 그가 말하는 3단계 전략이다. 또한 그는 적자를 많이 볼수록 수익도 많아진다는 지론을 가지고 있었다.

1991년 언웨이 사는 420만 위안을 투자하여 전국여성연맹 등 7개 단체와 공동으로 '언웨이배 전국 여성 위생 보건 지식 콘테스트'를 열었다. 행사의 핵심은 수억 장에 달하는 설문지를 돌려 여성의 위생에 대한 인식을 개선하고, 자연스럽게 '제얼인'을 생활필수품으로 받아들이게 하는 것이었다. 이 행사를 통해 6,000만 명이 설문에 응답했고, 그 영향으로 1993년의 매출은 1990년에 비해 29배 늘어난 2억 6,000만 위안을 달성했다. 제얼인은 중국뿐 아니라 태국, 말레이시아, 호주, 미국, 영국, 캐나다, 아프리카, 중동 등지로 수출되어 많은 사랑을 받았다.

"미련한 사람은 오늘 벌고, 지혜로운 사람은 내일 번다"라는 옛 격언은 여러 기업들의 성공 사례를 통해 입증되었다. 내일의 이익을 위해 오늘 손해를 감수하는 전략은 고객의 신뢰를 얻어 시장을 넓혀가는 결과로 이어진다. 앞에 소개한 회사들이 과감하게 손해를 감수한 것은 그것이 더욱 큰 이익을 위한 투자라고 생각했기 때문이다.

결핍과 비움은 더 큰 성공을 위한 자극제가 된다

인류가 존재하기 전까지 세계는 아무것도 없는 '무'의 상태였다. 이어서 무에서 '혼돈'의 상태로 옮겨가면서 가장 원시적인 '유'의 단계로 접어들었다. 혼돈의 상태는 맑음과 탁함의 두 가지 기로 나뉘어져 맑은 기운은 위로 올라가 '하늘'이 되었고, 탁한 기운은 아래로 내려가 '땅'이 되었다. 이어서 하늘과 땅, 즉 천지에서 음과 양이 생기고 작동하면서 만물이 생겨났다. 무에서 유를 창조하는 것은 매우 중요한 전략이다.

전국 시대 말기에는 일곱 나라가 치열하게 싸웠다. 이들 중 진나라는 군사력이 가장 강했고, 초나라는 땅이 가장 넓었으며, 제나라는 지리적 위치가 가장 좋았고, 나머지 네 나라는 이렇다 할 실력을 갖추지 못했다. 제와 초가 연합하여 싸우자, 진나라의 재상이자 뛰어난 전략가인 장의는 왕에게 먼저 두 나라를 이간시킨 후 하나씩 공격을 하자고 제안했다. 왕은 그의 제안을 받아들여 장의를 초나라에 사신으로 보냈다.

장의는 온갖 예물을 가지고 가서 초나라 회왕의 마음을 돌린 뒤 제나라와의 연맹을 깨면 상우 지방의 토지 600리를 주겠다고 제안했다. 그 말을 들은 회왕은 귀가 솔깃했다. 그렇게만 된다면 영토도 넓어지고, 제나라의 힘을 약화시키고, 강자인 진나라와 화친을 맺을 수 있는 등 여러모로 얻을 게 많은 제안이었기 때문이었다.

그러나 대신들은 장의의 속내를 알 수 없다며 강하게 반대하였다. 하지만, 회왕은 그들의 말에 아랑곳하지 않고 제나라와의 동맹을 깨기로 약속했다. 회왕은 봉후축을 진나라로 보내 조약을 맺기로 하였다. 봉후축과 함께 함양에 도착한 장의는 술에 취한 척하여 수레에서 떨어진 후 다쳤다는 이유로 혼자 집으로 갔다. 숙소에서 아무리

기다려도 장의가 돌아오지 않자, 봉후축은 진왕에게 편지를 썼다. 진왕은 약속을 지키겠지만, 초나라가 아직 제나라와 연맹을 깨지 않았기 때문에 조약을 맺을 수 없다고 하였다.

봉후축은 부하를 통해 진왕의 편지를 회왕에게 전했다. 회왕은 진나라가 처음부터 함정을 파놓은 사실을 모른 채 바로 제나라에 사신을 보내어 동맹을 깨겠다고 하였다. 이 일로 초나라에게서 돌아선 제나라는 진나라와 동맹을 맺었다.

그 후 장의는 아픈 것이 다 나았다며 봉후축을 찾아와 왜 본국으로 돌아가지 않냐고 물었다. 봉후축이 진왕을 만나 초나라에 주기로 한 상우의 땅에 대해 이야기하고 싶다고 하자 장의는 엉뚱한 말을 하였다.

"그건 대수롭지 않은 일이라 왕을 만나지 않아도 됩니다. 우리가 결정해도 되는 일이죠. 제가 봉읍 땅 6리를 주기로 했으니, 그렇게 알고 계시면 됩니다."

"무슨 말입니까? 상우 땅 600리를 주기로 약속하지 않았습니까?"

"무슨 말씀을 하시는 겁니까? 어렵게 전쟁을 해서 얻은 귀한 땅을 어떻게 그리 쉽게 줄 수 있겠소? 장군께서 잘못 들으신 것 같군요."

봉후축은 발뺌하는 장의에게 제대로 항의도 하지 못하고 본국으로 돌아가 진나라의 꾀에 넘어간 사실을 왕에게 알렸다. 회왕은 불같이 화를 내며 즉시 진나라를 공격하기로 하였다. 하지만 그 사이 진나라와 제나라가 동맹을 맺어 협공하는 바람에 초나라는 크게 패했고, 한중의 600리 땅까지 빼앗겼다. 회왕은 울며 겨자 먹기로 화해를 구하며 후퇴하였다. 괜히 욕심을 부리다가 장의의 꾀에 넘어가 영토를 빼앗기는 수모를 당한 것이다.

이 세상에서는 얻고 잃는 일이 계속 반복되고, 극심한 가난에 시달리던 사람이 거부가 되는 일도 많다.

앤드류 카네기는 일곱 살에 아버지가 실업자가 되는 바람에 그때부터 온 식구가 바느질과 작은 잡화점 운영으로 생계를 유지하는 어머니의 적은 수입에 의지할 수밖에 없었다. 미국으로 이주한 후에도 가난은 계속되었다. 아버지는 테이블보와 냅킨을 제작하여 팔았지만, 수입이 변변치 않아 살림에 큰 도움이 되지 못했다. 어머니는 잠을 줄여가며 신발을 수선하여 수입을 늘리기 위해 애썼다.

카네기는 가난을 벗어나려고 동분서주하는 부모의 짐을 덜어주기 위해 일찍부터 생활 전선에 뛰어들었다. 전보회사에서 아르바이트를 하던 카네기가 성실하게 일을 잘하자 사장은 월급을 올려주었다. 11.25달러였던 월급이 13.5달러로 오르자 카네기는 늘어난 수입은 저금하고, 11.25달러는 어머니에게 주었다.

그날 밤, 카네기는 동생에게 월급이 올랐다며 자랑하였다. 이 소식을 들은 일곱 살짜리 동생은 비상금이 생겼다며 환호했다. 그러자 카네기는 진지한 얼굴로 자신의 계획을 밝혔다. "이것을 잘 모아서 우리 형제가 회사를 세워 돈을 많이 벌면 어머니에게 마차를 사 드리고, 신발을 고치는 일을 정리하고 편히 지내시게 해드리자." 형제는 두

손을 맞잡고 꼭 그렇게 하자고 다짐했다. 카네기는 이 약속을 지키기 위해 쉬지 않고 열심히 노력하여 결국 꿈을 이루었다.

에드윈 번스는 어려운 형편에도 당시 발명가로 유명했던 토머스 에디슨과 동업을 할 것이라는 소망을 품고 있었다. 그리고 그는 결국 꿈을 이루어 에디슨의 협력자로 사람들에게 기억되고 있다. 에디슨과 같이 사업을 하겠다는 에드윈 번스의 생각을 주변에서는 다들 헛된 꿈이라고 여겼다. 그는 에디슨과 전혀 모르는 사이였고, 뉴저지의 웨스트오렌지에 사는 에디슨을 만나러 갈 교통비조차 없을 정도로 가난했다. 평범한 사람이라면 그런 처지에서 아예 상상조차 하지 못하거나 애처에 포기했겠지만, 번스는 마음에 품은 소망을 포기하지 않고 목표한 바를 이루기 위해 한 걸음씩 나아갔다.

가진 것이 없다고 해서 삶이 불행한 것은 아니다. 어떤 면에서 무소유가 오히려 좋은 자산이 될 수도 있기 때문이다. 가진 것이 없어서 그만큼 뜻한 바를 이루기 위해 사력을 다해 노력하게 되는 동기가 될 수 있기 때문이다.

당장 가진 것이 별로 없는 사람은 개혁적인 생각을 하게 된다. 가진 것이 없기 때문에 거리낄 것이 없고, 자유롭게 무엇이든 할 수 있기 때문이다. 역사적으로도 수많은 위인들이 태생적으로 열악한 환경에서 남다른 의지와 열정으로 힘들게 공부하고 노력해서 자신이 꿈꾸던 일을 이루어 정상의 자리에 오른 사례가 많다.

소유의 많고 적음과 상관없이 역경이 닥칠 때, 오히려 그것이 좋은 기회가 될 수 있다는 것을 기억해야 한다. 위기와 좌절이 뜻하지 않은 보물을 발견하는 기회가 되기 때문이다. 그리고 자신이 소유한 것을 손에 쥐고 내놓으려 하지 않는 어리석음을 버려야 한다. 무소유의 상태에서 우리는 홀가분한 마음과 단순함으로 새롭게 도약할 수 있다. 지혜로운 사람들은 여유로움 가운데 자유를 누리면서도 머릿속은 바쁘게 돌아간다. 반면 어리석은 사람들은 머릿속은 여유로우나 손발은 정신없이 움직인다.

무소유 상태에서는 어디에도 얽매이지 않기 때문에 에너지를 비축할 수 있다. 농사짓던 사람이 도시로 갈 때 버려야 할 것은 호미 한 자루뿐이지만, 도시에서 온갖 것을 누리며 살던 사람이 시골이나 오지에 가서 생활하려면 많은 것을 포기해야 한다. 또는 직장에서 안정적으로 생활하던 사람이 직장을 그만두고 자기 사업을 하려면, 편안하고 안정적인 생활을 포기해야 한다. 그래서 많은 것을 보장받으며 직장 생활을 하던 사람들이 그 모든 것을 포기하고 창업할 엄두를 내지 못하는 경우가 많다. 아무것도 소유하지 않는다는 것은 눈에 보이지 않는 부를 가진 것과 같다. 열심히 노력하고 견디다 보면, 결국 오늘보다 더 많은 것을 이루고 소유할 수 있게 된다.

부드러움은 호의를 이끈다

미국 역사상 가장 위대한 인물 중 하나로 꼽히는 벤저민 프랭클린은 미국인들에게 가장 능력이 뛰어나면서도 친근감이 느껴지는 정치가이자 외교관으로 평가된다. 그는 어떻게 강함과 부드러움을 모두 겸비하게 되었을까?

프랭클린은 50년간 정치활동을 하면서 타인에게 독설을 던진 일이 거의 없다. 말투가 다소 어눌한 그는 종종 적절한 단어를 생각하지 못해 버벅대고 어쩌다가 말실수를 하기도 했으나 많은 사람들로부터 응원과 지지를 받았다. 언변이 뛰어나지 않음에도 그가 사람들로부터 존경과 사랑을 받은 이유는 무엇일까?

프랭클린은 이렇게 말했다. "나는 살면서 나름의 규칙을 지켰다. 그것은 타인의 의견을 반박하지 않음으로써 지나치게 강하다는 느낌을 주지 않고, 너무 단정적인 표현은 되도록 하지 않는 것이다." 예를 들어 '물론', '의심의 여지없이'와 같이 어감이 강한 표현 대신 '내가 생각하기에는', '만약'과 같이 부드러운 단어를 사용한 것이다. 그는 누군가 실수를 지적하면 "경우에 따라 제 말이 틀릴 수도 있지만, 지금은 그렇지 않은 것 같다"는 식으로 자신이 틀리지 않았음을 부드럽게 주장하였다.

그는 겸손한 자세로 자신의 생각을 표현하여 부드러운 분위기를 조성하였다. 이렇게 함으로써 불필요한 갈등을 미연에 방지하고, 상대가 자신의 생각과 의견을 무리 없이 수용하게 하였다. 물론 처음부터 이것이 쉬웠던 것은 아니다. 그러나 꾸준히 자신을 낮추며 말하는 것을 실천한 결과, 이것이 자연스럽게 습관이 되었다. 이러한 그의 '부드러운 화술과 태도'는 정치인으로서 가장 효과적인 무기가 되었다.

한 공장의 부공장장으로 남다른 능력과 행동력을 지닌 쑨린은 상사들로부터 인정을 받고 신임을 얻었다. 하지만 강직한 성격 때문에 동료들과의 충돌이 잦아 '성난 사자'라고 불렸다. 그녀는 자신을 비난하는 사람들의 말에 위축되기도 했지만, 싸우고 난 뒤에는 깨끗이 잊는 편이었다. 그러나 직장 동료들은 그녀의 불같은 성격에 불만이 컸다. 잦은 충돌로 자신에게 문제가 있다는 사실을 깨달은 그녀는 온유한 사람이 되기 위해 부단히 노력했다.

쑨린은 자신이 근무하는 공장의 실적과 직원들의 근로 의욕이 떨어지자 고민 끝에 대안을 찾기로 하였다. 회의를 열어 과거의 오류, 근로자들에 대한 대우 문제 등을 꼼꼼하게 살펴 해결책을 마련해 보았지만, 그녀의 노력은 성과를 거두지 못했다. 상사들의 입장과 체면을 살피지 않고 문제만 신랄하게 지적했기 때문이다.

깊이 반성을 한 그녀는 자신의 실수가 무엇인지를 깨닫고 다시 회의를 열었다. 이번에는 지난번과 달리 정중한 자세로 상사들에게 자신의 생각을 전달한 뒤 좋은 해결책을 마련해 달라고 하였다. 회의가 끝난 후 그녀가 전에 제안했던 의견들을 다시 이야기하자 상사들은 흔쾌히 받아들였다.

이제 그녀는 상대의 잘못을 대놓고 지적하는 것이 오히려 문제 해결에 방해가 될 뿐만 아니라 상대가 상처를 받을 수도 있고, 사람들과의 관계에도 도움이 되지 않는다는 사실을 잘 알고 있다. 또한 부드러운 자세와 화술이 때로 더 효과적이라는 교훈도 얻었다.

중국에는 '강한 사람끼리 싸우면 용감한 자가, 용감한 사람끼리 싸우면 지혜로운 자가 승리한다'는 속담이 있다. 여기서 말하는 지혜로운 사람이란 강함을 이길 수 있는 부드러운 사람을 뜻한다. 지혜로운 사람은 능력이 뛰어나지 않더라도 자제력과 더불어 부드러움을 소유하기 때문에 물방울이 바위를 뚫듯 결국에는 어려운 일도 해내어 최후의 승자가 되는 것이다.

성공의 고지에 오를수록 내리막길을 염두에 두라

약육강식의 법칙이 지배하는 자연계에서 힘이 없는 동물들은 늘 주변을 살피며 자신의 생명을 지킨다. 기업도 오래도록 건재하려면 진중하면서도 때로 민첩하게 반응해야 한다.

하이얼의 장루이민 회장은 도전을 멈추지 않는 이유를 묻는 기자에게 이렇게 대답했다. "중국에서는 예로부터 '처음 일을 시작할 때처럼 끝까지 초지일관 신중하게 임하면 실패하지 않는다'는 신념이 지배적이었다. 그러나 내가 그렇게 하지 않는 이유는 항상 창업할 때의 마음을 지키고 있기 때문이다. 기업을 경영하는 것은 산을 오르는 일과 같아서 고지에 오를수록 그만큼 위험성도 높아진다. 한 번의 실수가 돌이킬 수 없는 결과로 이어질 수 있다는 것을 잘 알기 때문에 나는 늘 노심초사 마치 살얼음판을 걷는 마음으로 경영에 임한다. 스스로 어느 정도 경지에 올랐다고 자만하는 순간, 얼마든지 내리막길로 치달을 수도 있다. 기업이 그 정도 궤도에 오르면, 한 번에 모든 것을 잃을 수 있는 위험도 커지기 때문이다. 마음의 균형을 잃고 부와 명예만을 추구한다면, 올바른 결정을 내릴 수 없다. 그렇기 때문에 나는 매사에 최선을 다하고, 모든 일에 신중하게 임한다."

중국 최고의 CEO인 장루이민이 여전히 조심스럽고 신중한 자세를 잃지 않는 것을 보면, '신중함'이 얼마나 중요한지 알 수 없다.

할인마트 업계의 강자 렌화슈퍼마켓의 왕종난 회장은 "우리는 항상 뛰어다니면서 걸어가는 방법을 배운다"라는 말로 자신의 경영 철학을 설명한다. 그가 외적 성장에 집중하는 이유는 기업의 규모가 커야 저항력도 크다고 생각하기 때문이다. 1997년에 그는 소매유통 업계의 최고가 되겠다던 목표를 이뤘다. 2003년에 렌화슈퍼마켓의 매출액은 140억 위안을 달성했다. 얼마 후 상하이 시는 유통업의 규모를 확장하기 위해 렌화슈퍼마켓을 비롯하여 몇몇 유통 회사를 합병했다.

성공을 자만하지 말고 실패에 좌절하지 말라

홍더우 그룹의 저우야오팅 회장은 경영자에게 필요한 자질에 대해 이렇게 말한다. "경영자는 탐험가의 정신, 군사전문가의 전략, 정치인의 가슴, 은행가의 머리, 산악인의 의지를 가져야 한다."

경영자의 자질이나 소양은 보통 위기에 직면했을 때의 자세와 행동을 통해 드러난다. 평범한 사람과 군자, 즉 수행을 한 사람은 기본적으로 역경과 고난을 대하는 자세가 다르다. 《채근담》에서는 그 차이를 "평범한 사람들은 안정적인 상황에서 즐거움을 느끼지만, 군자는 역경 속에서도 즐거움을 잃지 않는다. 평범한 사람들은 뜻대로 되지 않을 때 근심하지만, 군자는 일이 바라는 대로 흘러갈 때 오히려 걱정한다"고 설명하였다. 훌륭한 사람은 현실을 외면하지 않고, 문제 상황을 훈련의 기회로 여긴다. 실제로 모든 일이 순조롭게 잘 풀릴 때, 보이지 않는 곳에 위기가 숨어 있는 경우가 적지 않다. 그런 의미에서 경영자는 좌절과 극복을 피할 수 없는 숙명으로 받아들여야 할 것이다.

아무리 유능한 사람이라도 부족한 부분이 있기 마련이고, 경영자도 예외는 아니다. 위기를 헤쳐 나가는 것은 참으로 어려운 일이며, 성공을 장담할 수도 없다. 좌절, 실망, 분노가 몰려오는 순간, 직원들은 의욕을 상실하여 분위기가 가라앉고, 문제는 해결될 가능성이 전혀 보이지 않을 때, 경영자에게는 선택의 여지가 없다. 이런 상황에서 가장 먼저 해야 할 일은 냉정하게 현실을 직시하고 차분한 마음으로 해결책을 찾는 것이다.

도저히 해결되지 않은 것 같은 난관에 처했을 때는 최악의 상황을 염두에 두면서 새롭게 출발해야 한다. 미래에 대한 막연한 기대를 접고, 냉철하게 처음부터 다시 시작하겠다는 자세를 가져야 한 걸음 내디딜 수 있는 힘을 얻게 된다. 조급함을 뒤로하고 차분하게 문제를 하나씩 해결할 때, 불안 요소를 제거하여 새로운 가능성을 찾아 앞으로 나아갈 수 있다. 만약 경영자가 현실을 직시하지 못하거나 당황하여 방향을 잡지 못하거나 비관적인 생각에 빠지면, 불안감이 삽시간에 전염되어 위기를 벗어날 수 없게 된다.

하루가 다르게 변화하는 시대를 살고 있는 우리는 당장의 위기나 과거의 영광에 빠져 제자리걸음을 해서는 안 된다. 리더가 발전하기 위해서는 가시밭길을 피할 수 없다. 이 가시밭길은 전진을 막는 장애물일 수도 있고, 극복하기만 하면 찬란한 꽃밭이 펼쳐지는 일시적인 장벽일 수도 있다.

성공을 거둘수록 겸허하라

리더는 인격을 수양하고 다른 사람의 의견이나 건의를 열린 마음으로 수용하여 지혜를 모아야 한다. 그렇지 않고 자신을 능력을 과신하여 다른 사람들을 무시하고 독단적으로 행동하면 쉽게 넘어질 수 있다.

일을 할 때는 겸손한 마음으로 자신의 능력과 주어진 역할이 무엇인지 정확하게 파악해야 한다. 장 자크 루소는 "위대한 사람들은 절대로 자신의 우수함을 과시하지 않는다. 그들은 자신이 뛰어나다는 것을 알고 있으나 항상 겸허함을 잃지 않는다. 자신의 비범함이 강할수록 그만큼 부족한 부분도 있다는 것을 알기 때문이다"라고 하였다.

겸허한 자세를 유지하기 위해서는 항상 말을 하기 전에 신중하게 생각하고, 상대의 입장이나 자존심을 지켜 줘야 한다. 그리고 자신이 잘해서 좋은 결과를 거두더라도 다른 사람의 수고와 공로를 인정하고 나눌 수 있어야 한다.

카네기는 승진을 앞두고 근심과 염려에 빠진 젊은 직원에게 다음과 같이 충고하였다. "이 자리는 자네에게 잘 맞고, 또 자네가 가진 능력으로 충분히 감당할 수 있을 걸세. 하지만 새로운 직책을 맡으면 즉시 문제를 처리해야 하네. 맡겨진 임무에 최선을 다하되, 자네 뒤에 누가 있는지 돌아봐야 해. 만약 자네 뒤에 아무도 없다면, 결코 좋은 상사가 아니라는 증거일세. 자신이 조직에 꼭 필요한 사람이라는 생각은 갖지 말아야 해. 나에게 주어진 행운이 기회가 좋았거나 친구를 잘 두어서, 혹은 경쟁 상대가 실력이 없어서 쉽게 얻을 수 있었던 것은 냉정하게 생각해 봐야 하네. 겸손한 자세를 지키지 못하면 언제든 자네를 대신할 사람이 12명 이상 있고, 그중 한두 명은 자네보다 훨씬 유능할 수 있어. 그러니 절대로 자신이 대단하다고 생각하지 말게."

유통업계의 거인인 월마트는 겸손하고 신중한 경영 자세를 지키고 있다. 1962년 아칸소 소도시의 잡화점에서 시작한 월마트는 지금까지 숱한 위기와 역경을 겪으면서도 겸손함을 잃지 말아야 한다는 경영 원칙을 지켜 왔다. 과거에 월스트리트의 한 이코노미스트는 월마트의 매출이 10억 달러 이상이 되면 기존의 경영 방식을 고수할 없을 것이라고 예측하였다. 심지어 월마트의 매출이 100억 달러를 넘어서면 회사가 망할 것이라 말하는 이도 있었다. 남부의 작은 마을에서 시작한 월마트의 경영 철학으로는 대규모 기업을 제대로 운영할 수 없기 때문이라고 생각했기 때문이다.

그러나 월마트는 현재 세계 최대의 유통 업체로서 변함없이 성장해 나가고 있다. 전문가들의 예상을 보기 좋게 깨며 매출 100억 달러를 달성한 뒤에도 건재했고, 이제는 3000억 달러 이상의 매출을 올리고 있다.

오만함으로 취할 수 있는 유익은 아무것도 없다. 오직 겸손과 신중함으로 기업을 경영할 때, 어떤 풍파가 몰아쳐도 동요하지 않는 태산처럼 우뚝 설 수 있다.

변화, 내가 변해야
타인과 이어진다

5장

소통은 누구에게나 어렵다

에디슨이 세운 140년의 역사를 가진 GE는 혁신을 목표로 '우리는 제조업이 아닌 소프트웨어 회사다' 라는 슬로건을 내세우며 변화를 시도했다. 그러나 결과는 실망적이었다. 16년간 GE를 맡아 경영한 제프리 이멜트는 주가하락에 대한 책임을 묻는 주주들의 권고로 2017년 8월에 사임했다. 그럼에도 주가는 계속 하락하여 2018년 2월에는 시가총액 128조원이 공중으로 사라졌다.

한때 세계적으로 존경받는 기업, 혁신하는 기업으로 인정받았던 GE가 왜 이렇게 무너졌는가? 이와 관련하여 다양한 의견이 있지만, 가장 결정적인 원인으로 리더였던 제프리 이멜트의 '불통'(不通)을 들 수 있다. 그가 주변 사람들과 참모들의 "투자타당성이 없다"는 조언을 듣지 않고 무모한 낙관주의에 빠져 안이하게 대처하는 바람에 성공가도를 달리던 기업이 처참하게 무너진 것이다.

GE의 사례를 통해서 보듯이, '소통'(疏通)은 조직이 성공하는 데 가장 필수적인 요소라고 할 수 있다. 실제로 조직에서 일하는 시간 중 커뮤니케이션이 차지하는 비중이 무려 70퍼센트에 달한다는 연구 결과도 있다. 따라서 우리의 삶을 지배하고 관계에 큰 영향을 끼치는 소통에 대해 우리는 끊임없이 관심을 가져야 한다.

독일의 철학자 칼 야스퍼스는 "인간의 가장 큰 업적은 개인과 개인 사이의 의사소통이다"라고 하였다. 인간이 지금까지의 성취한 업적의 대부분은 서로 소통했기 때문에 가능했다는 말이다. 따라서 평생 배운다는 생각으로 소통하는 자세가 필요하다.

소통communication 의 어원은 '나누다'는 의미의 라틴어 'communicare'이다. 이것은 신이 자신의 것을 인간에게 나누어 주거나 열이 전달되는 것처럼 어떤 사실을 다른 사람에게 전하고 알리는 심리적인 전달이라는 의미로 이해할 수 있다.

우리는 매일 사람들과 소통하며 살지만, 대부분의 사람들은 그런 일상적인 소통을 제일 어려워한다. 그렇다면 소통이 어려운 이유는 무엇일까? 그 이유는 여러 가지가 있겠지만, 사람들이 가장 어려워하는 것들은 아래와 같다.

- 대부분의 사람들이 대화할 때, 상대의 말을 잘 듣지 않는다.
- 매일 접하는 정보가 너무 많아서 모든 것을 다 이해할 수 없다.
- 사람마다 살아온 환경과 처지가 서로 다르다.

5장 변화, 내가 변해야 타인과 이어진다

- 대화를 하기는 하지만, 사실 상대를 그다지 신뢰하지 않는다.

- 사람마다 지식수준이 달라 사용하는 용어에 대한 이해도에 차이가 있다.

이외에도 소통과 관련한 문제는 더 많고 끊임없이 발생하지만, 생각보다 해결이 쉽지는 않다. 이에 대한 이해를 돕기 위해 탁구를 예로 들어보겠다.

우리가 탁구를 할 때, 기본적으로 네트 너머로 서로 공을 주고받는 것을 목표로 한다. 공을 강하게 넘겨 상대가 받지 못하게 공격하는 것이 본래의 목적은 아니다. 그럼, 이제 탁구를 대화로 바꿔서 생각해보자. 대화는 자신이 전달하고자 하는 메시지를 의도적으로 보내고 받는 역동적인 작업이라고 할 수 있다. 대화는 언제, 어디서든 보내는 사람과 받는 사람의 아이디어, 생각, 의견, 감정 등을 서로 주고받으며 자신의 역할을 감당한다.

탁구를 할 때 선수들은 탁구대의 상태, 상대의 실력과 기술, 개인적인 필요, 기타 집중력에 방해되는 요소들을 고려해서 경기에 임해야 한다. 마찬가지로 사람들과 소통할 때도 상대방의 상태와 대화 수준, 소통의 기술, 상대방의 필요, 소통을 방해하는 요소들을 고려해서 소통해야 한다.

누구나 탁구를 즐길 수 있지만, 모두가 프로선수처럼 능숙하게 잘할 수는 없다. 마찬가지로 누구나 대화를 할 수 있지만, 숙련된 선수처럼 소통을 잘하려면 그만큼 연습과 훈련이 필요하다. 소통에 대한 깊은 이해와 다양한 기술을 연마해야 하는 이유가 바로 여기에 있다.

소통을 잘하려면 이렇게 하라

그럼, 소통을 잘하려면 어떻게 해야 할까? 이해를 돕기 위해 소통을 잘하는 사람들의 특징을 몇 가지 소개하겠다.

대화를 할 때 목표와 목적을 명확히 해야 한다

사람들과 대화할 때는 말하고자 하는 목표와 목적을 분명하게 표현해야 한다. 자신이 무엇을 말하고자 하는지, 어떤 이유에서 이런 말을 하는지를 상대가 이해할 수 있도록 구체적으로 설명해야 하는 것이다. 분명한 목표와 목적이 없으면 이야기를 제대로 풀어나갈 수 없고, 제한된 시간 안에 하고 싶은 이야기를 다 하지도 못한 채 대화가 끝날 수도 있다. 무엇보다 대화할 때는 상대방이 하는 말의 뉘앙스에 집중해야 한다. 그렇게 해야 상대방이 말하는 의도를 정확하게 파악할 수 있다. 이때 이해가 되지 않는 부분에서 적절하게 질문을 하는 것도 좋은 방법이다.

상대방의 말을 이해하려고 노력한다

대화를 할 때, 대부분의 사람들이 자신의 말이나 글이 잘 전달되어 상대가 이해해주기를 바란다. 누구나 존중받고 좋은 평가를 받고 싶은 욕구를 가지고 있기 때문이다. 따라서 이러한 상대방의 욕구를 잘 이해하려면, 내가 먼저 상대방의 말을 잘 들어줘야 한다. 이것을 위해 상대방의 말과 느낌을 나의 말로 바꿔서 확인하는 것이 필요하다. 자신이 제대로 이해했는지를 묻고 그에 대한 자신의 생각과 느낌을 솔직하게 표현하면, 상대방 역시 그에 대한 자신의 생각과 느낌을 솔직하게 피드백 해줄 것이다. 이처럼 먼저 상대방의 의도를 이해한 후 그것을 적절하게 표현하면, 상대방은 자신의 욕구가 충족되었다고 생각하고 만족한다.

비언어적인 소통을 제대로 이해한다

상대방의 몸짓이나 표정과 같은 비언어적인 표현을 정확히 이해하지 못하면, 상대방의 말에 감정이나 편견이 있다고 오해하여 대화를 제대로 할 수 없다. 따라서 소통을 잘 하는 사람은 상대방의 비언어적인 표현뿐 아니라 자신의 비언어적인 표현도 정확히 확인한 후 잘 설명한다.

소음이 들리는 환경을 피한다

대화를 할 때 주변이 시끄럽거나 복잡하면 집중에 방해가 되어 제대로 소통하기 어렵다. 따라서 조용히 대화에 집중할 수 있는 공간에서 대화하는 것이 좋다. 소통을 잘하는 사람들은 어떤 공간에서 대화를 해야 효과적인지를 알고 그것을 관리할 줄 안다.

공존과 상생을 위한 하모니 리더십

가까이 갈수록 친해진다

다른 나라에 가기 위해 여권이 필요한 것처럼, 자신의 말을 상대에게 잘 전달하려면 마음의 여권이 필요하다. 여기서 마음의 여권은 신뢰관계를 말한다. 관계와 소통에서 가장 중요한 필수 요소는 바로 상호 간의 신뢰이다. 소통은 상대방이 받아들일 때 가치가 있기 때문이다.

신뢰를 쌓는 방법은 여러 가지가 있으나 가장 기본적인 것은 상대에게 친근하게 대하는 것이다. 처음 만난 사람이라도 금세 가까운 사이가 될 것 같은 친근감을 느낀다면, 그것이 바로 호감이다. 보통 호감과 친밀함을 느끼는 사람과는 신뢰 관계를 깊은 맺게 되며, 이렇게 호감과 신뢰가 쌓이면 소통은 훨씬 수월해진다.

주로 자신과 공통점이 있거나 가까운 사람에게서 친근감을 느끼기 쉬우므로, 자신과 상대의 공통점을 찾는 것이 좋다. 우리 안에 무의식적으로 안정을 추구하고 그런 가운데 안주하려는 성향이 내재되어 있기 때문이다.

친근감이 느껴지는 사람과 같이 있으면 자신도 모르게 마음이 편해진다. 따라서 소통하고 싶은 사람이 있다면, 상대로부터 호감을 얻기 위해 신경을 쓰고 가깝게 지내면서 친근감을 조성하는 것이 큰 도움이 될 것이다. 친근감이 깊은 신뢰를 심어주어 사람들과 원활하게 소통할 수 있게 해주기 때문이다.

진정한 소통은 상대를 이해하려고 노력하는 것이다. 내가 무엇을

133

말하고자 하는 것보다 상대가 무엇을 바라고, 그가 무엇을 의도하는지를 알아야 한다. 이때 충분한 대화를 통해 서로 부족한 부분을 채우는 것이 배려이다.

소통을 잘하는 사람들은 항상 상대를 배려하고 필요할 때 적절하게 질문을 한다. 자신이 말한 바를 상대가 정확히 이해하고 받아들였는지를 확인하기 위해서는 적절한 질문이 필수적이다. 예를 들어 '지금 당신이 한 말을 ~라는 의미로 이해했는데, 제가 잘 들은 건가요?'라고 확인하는 것이 소통할 때 필요한 배려이다. 상대의 의견을 수용하고 제대로 들은 것인지 확인하는 자세, 그것이 곧 상대를 존중하고 배려하는 사랑의 마음인 것이다.

소통을 막는 3가지 장애물

한 언론사에서 직장인을 대상으로 설문조사에서 '직장에서 성공하기 위해 가장 중요한 것은 무엇인가?'라는 질문에 대해 '업무능력'이 두 번째로 많은 표를 얻었다. 그렇다면 가장 많은 표를 얻은 답은 무엇일까? 바로 대인관계 능력이다. 그렇다면 대인관계 능력이 뛰어난 사람은 어떤 면이 다를까? 여러 가지 면에서 다르겠지만, 무엇보다 가장 탁월한 점은 바로 소통능력이다.

우리는 흔히 소통능력이 뛰어나다고 하면, 단순히 대화를 잘하는 것이라고 생각하기 쉽다. 그렇다면 대화만 잘하면 해결되는 소통의 문제를 사람들은 왜 그리 어렵게 느끼는 것일까? 여기에는 여러 가지 이유가 있는데, 그중 대표적인 세 가지를 살펴보자.

생략: 자신만의 프레임으로 이해하는 것

소통이 어렵게 느껴지는 첫 번째는 이유는 '생략' 때문이다. 사람들은 타인과 소통할 때, 은연중 자기만의 방식으로 필요한 말을 생략을 한다. 연인들 사이의 대화를 예를 들어 보자. 남자친구의 상황이 궁금한 여자친구가 남자친구에게 전화를 걸어 어제 저녁에 무엇을 했는지 물어보자, 남자는 "어제? 술 마셨어"라고 간단하게 답한다. 과연 이 대화는 소통이 잘된 대화라고 할 수 있는가?

남자의 입장에서는 그 정도의 대답이면 충분하다고 생각할 수도 있다. 그러나 여자의 입장에서는 소통이 잘 됐다고 느끼지 못할 것이다. 남자는 여자의 질문에 대답을 잘했다고 생각하지만, 사실 그의 말에는 몇 가지가 생략되어 있다. 여자는 어제 저녁에 술을 마셨다면, 누구와 왜 마셨는지, 몇 시까지 어디에서 먹었는지 등 좀 더 구체적으로 알고 싶은 것이다. 그런 상황에서 남자가 단지 술을 마셨다고만 하고 그 정도면 충분하다고 여긴다면, 여자의 입장에서 소통이 잘 되지 않는다고 느낄 수밖에 없다. 이처럼 사람들은 대화하면서 자기 입장에서 적당하게 '생략'하는 경향이 있다.

팀장이 김 대리에게 어제 회의하면서 맡긴 일을 잘 처리했느냐고 묻자, 김 대리는 "아직 처리하지 못했는데요"라고 답한다. 이 두 사람의 소통이 잘되었다고 할 수 있는가? 김 대리의 답변에 대해 팀장은 아마도 "왜 아직 처리하지 못했느냐?", "언제 다 끝낼 수 있느냐?" 등의 후속 질문을 할 것이다. 이렇게 되면, 대화가 필요 이상으로 많아지고 길어져 원하는 대답을 듣지 못한 팀장은 짜증을 낼 수도 있다.

김 대리는 최대한 필요한 말을 생략하지 않고 다음과 같이 대답했어야 했다. "팀장님, 미처 다 처리하지 못했습니다. 사실 2시까지 보고드릴 생각이었는데, 제가 갑자기 상무님이 지시하신 일을 하게 되어서 시간을 놓쳤습니다. 정말 죄송합니다. 그리고 마케팅팀과 영업팀 데이터를 같이 보고드려야 하는데, 아직 자료를 받지 못한 상태입니다. 1시까지 보내주기로 했는데, 왜 늦어졌는지 확인해보고 자료를 다 취합하고 정리해서 늦어도 4시 전에 꼭 보고를 드리겠습니다. 제가 미리 말씀드렸어야 했는데, 그렇게 하지 못해서 정말 죄송합니다, 팀장님."

이렇게 보고하는 것이 상사와 진정한 공감대를 형성하는 대화라고 할 수 있다. 상대가 듣기 원하는 말이 무엇인지 살피고, 그 안의 필요를 정확히 파악하여 중요한 말을 생략하지 않는 것이 소통을 잘하는 사람의 능력이라고 할 수 있다. 대부분의 사람들이 '이 정도면 상대가 알아듣겠지?'라고 안이하게 생각하고 자기 입장에서 이야기를 하는데, 상대는 정작 그 말의 뒤에 생략된 보다 자세한 내용을 원하고 있다는 사실을 알지 못한다. 그럴 경우 그 자리에서 바로 자신이 궁금해하는 것을 꼬치꼬치 캐묻는 사람들도 있지만, 적절하게 자기 입장에서 이해하고 넘어가는 경우도 많다. 이처럼 말의 이면에 담긴 내용을 알고 싶어 하는 사람들에게 '생략'은 진정한 소통이 아니다. 그들이 보기에 이것은 소통이 아니라 불통에 가깝다고 할 수 있다.

왜곡: 자신의 판단에 따라 단정하는 것

두 번째는 '왜곡'이다. 이번에도 연인 사이의 예를 들어보겠다. 생일을 앞둔 여자친구가 남자친구에게 다음 주가 자신의 생일이라고 미리 알려주었다. 그런데 최근 일이 많아진 남자가 며칠간 연속으로 늦게까지 야근을 하느라 정신이 없었다. 드디어 생일날 당일, 남자친구를 만난 여자가 오늘이 무슨 날인지 아느냐고 묻는다. 그런데 야근으로 정신없이 바빴던 남자는 "오늘? 오늘이 무슨 날인데?"라며 되묻는다. 이때 여자는 어떻게 자신의 생일을 잊을 수 있냐고 화를 내며, 남자에게 자신에 대한 사랑이 식은 것 같다고 말한다. 이것이 소통을 방해하는 '왜곡'의 대표적인 예이다.

왜곡이란 한 가지 사실을 가지고 무언가에 대해 자기 마음대로 판단해버리는 것이다. 앞에서 살펴본 사례에서 남자가 하필 그 시기에 너무 바빴기 때문에 생일을 잊은 것이지, 여자를 사랑하지 않아서 잊은 것이 아니다. 여자가 남자의 상황을 정확히 알았다면, 충분히 이해할 수 있는 문제이기 때문이다. 우리는 사람들과 대화하면서 이런 식으로 자의적인 왜곡을 하는 실수를 범한다. 편협한 판단으로 상대의 생각을 잘못 단정해 버리는 것이다. 이러한 왜곡은 소통을 방해하는 매우 위험한 요소이다.

일반화: 주변의 변화가 모두 동일하다고 생각하는 것

세 번째는 '일반화'이다. 대화를 할 때 모든 것을 일반화시키는 것역시 소통을 방해하는 위험요소이다. 예를 들어 요즘 팀장이 예전과는 다르게 나에게 조금 차갑게 대하고 있다고 느껴진다고 해서 '나는팀장에게 미움을 받고 있어. 다른 팀원들도 나를 싫어할 거야'라고 생각하는 것을 일반화라고 한다. 팀장이 그를 차갑게 대할 수는 있지만, 모든 팀원들이 그를 싫어하지는 않는데도 말이다.

또한 '요즘 경기가 좋지 않아서 우리 회사의 매출도 떨어진 것 같아'라고 생각하는 것도 일반화의 한 예로 볼 수 있다. 이럴 경우, 경기가 좋지 않아서 우리 회사와 같은 업종의 매출이 전체적으로 떨어진것인지, 아니면 경쟁업체는 매출이 올랐는데 우리만 매출이 떨어졌는지를 정확히 분석해서 이야기해야 한다. 마치 주변 환경의 변화에 따라 모든 것이 동일하게 영향을 받는 것처럼 말하는 것은 소통에 큰방해가 된다.

이렇게 정확한 근거 없이 일반화를 하게 되면, 상대로부터 신뢰를잃을 수 있다. 그리고 이러한 상황이 반복되면 상대방은 소통이 원활하지 못하다고 느낄 수 있다. '남자들은 다 그래' '여자들은 모두 똑같아', '우리 회사 직원들은 다 별로야', '리더들은 모두 이기적이야'와같은 식으로 모든 것을 쉽게 일반화시키는 것은 타인과의 관계와 소통에서 항상 문제를 일으킨다.

보통 사람들이 말하고자 하는 바를 제대로 설명해도 60퍼센트정도만 전달된다고 한다. 그리고 듣는 사람 역시 상대의 말의 60퍼센트 정도만 이해할 수 있다고 한다. 결국 사람들이 대화하는 내용 중 40퍼센트 미만을 이해한다는 것이다. 대화할 때 사람들이 보여주는 말과 행동은 내면의 감정, 사고, 바람, 욕구 등이 함축된 결과물이다. 그런데 대부분의 사람들은 상대의 내면의 소리를 듣지 못한 채, 말로 표현한 내용만 가지고 상대를 이해한다. 그러므로 진정한 소통을 하려면, 상대방이 말하고자 하는 본질적인 욕구를 감지하고 감정을 이해하여 그의 본심을 파악하기 위해 노력해야 한다.

관계에 걸림돌이 된다면, 신념과 가치관을 바꿔라

누군가 당신에게 다가와 "당신은 누구입니까?"라고 묻는다면, 어떻게 대답할 것인가? 대부분의 사람들은 나이와 직장과 직급, 가족 관계, 사는 곳 등을 중심으로 자신의 상황과 배경에 대해 이야기한다. 과연 이렇게 하는 것이 당신을 제대로 소개하는 것일까? 당신의 나이와 주변 환경, 맡고 있는 역할이 진정한 당신의 모습일까? 그 책임과 역할이 당신 자신이라고 믿고 싶은 것은 아닐까?

'진짜 나는 누구인가?', '나는 어떤 사람인가?'에 대해 제대로 대답하기 위해서는 먼저 신념에 대한 이해가 필요하다. 어쩌면 나는 '나의 신념들이 담긴 종합선물 세트'라고 할 수 있다. 내가 믿고 있는 다양한 신념이 모여 현재의 '나'라는 사람이 존재하기 때문이다. 그것이 바로 진정한 '나'인 것이다.

신념이란 세상을 판단하는 개인의 기준, 자신을 판단하는 그 사람만의 기준, 살아가는 모든 것에 대해 그렇다고 믿거나 또는 그래야 한다고 생각하는 것, 그렇게 하지 않으면 안 된다고 생각하는 기준이 되는 믿음을 말한다. 세상사람 모두가 강한 신념을 가지고 살고 있다. 따라서 신념이 개인의 생각과 감정 나아가 행동과 삶을 지배한다.

어떤 상황에서든 무조건 긍정적으로 생각하고 살아야 한다는 신념을 가지고 사는 사람이 있다. 그런 사람들은 실제로도 삶을 긍정적으로 산다. 한편, 신념을 지키기 위해 어렵고 힘들게 살아가는 사람들도 있다. 이런 사람들은 신념이 삶에 큰 장애물이 되었다는 사실을 깨닫지 못한 채, 오로지 자신의 신념에 충실하기 위해 미련할 정도로 우직하게 앞으로 나아간다. 그래서 신념 때문에 삶이 어려워지는 것이다.

우리가 신념을 기준으로 세상을 보고 시간이 지남에 따라 그것이 더욱 강화되기 때문에 신념은 세상을 해석하는 기준이 된다. 따라서 그 누구도 다른 사람의 신념을 빼앗거나 마음대로 포기하게 만들 수 없다. 하지만 신념은 환경의 영향을 받거나 교육과 훈련을 통해 개발되는 것이기 때문에 살면서 마음만 먹으면 얼마든지 바꿀 수도 있다. 사람들과의 관계나 소통도 마찬가지다. 혹시라도 소통을 방해하는 신념이 있다면 버려야 한다. 다른 사람에 대한 신념, 대화를 하면서 만들어지는 신념이 사람들과의 관계 형성에 도움이 되지 않거나 소통에 방해가 된다면, 과감하게 신념을 바꿔야 한다. 그것이 뛰어난 소통자가 되기 위한 방법이다.

무엇이 마땅히 그래야 한다고 판단하는 기준을 '가치관'이라고 한다. 가치관은 옳고 그름과 좋고 나쁨에 대한 신념 중 하나로, 개인의 삶을 더 좋거나 나쁘게 하는 경험을 조성하고 인도하는 원리이다. 마치 머릿속에 지도를 그린 것처럼 그 사람의 모습을 있는 그대로 보여준다. 이처럼 가치관은 우리가 살아가는 이유를 알려주고, 성품의 기반이 되며, 우리의 행동을 실질적으로 좌우하는 토대라고 할 수 있다.

사람들은 이러한 자신의 신념과 가치관을 기준으로 자신이 속한 세상을 일반화한다. 그런데 이렇게 일반화하는 것 자체가 이미 왜곡이다. 살면서 어떤 문제에 직면할 때 그것을 해결하기 위해 내면을 파헤치다 보면, 결국 우리 속에 뿌리 내리고 있는 잘못된 신념과 가치관이 문제의 원인임을 발견하게 된다. 예를 들어, 자신이 하는 일이 인생에 있어서 가장 중요하다는 신념과 가치관을 가진 사람은 일 중독자가 될 수 있다. 반면 가족과의 관계를 가장 중요하게 여기는 사람은 일과 관계의 균형을 잡으려고 할 것이다. 또한 돈과 성공을 최우선가치로 여기는 사람은 사업을 하거나 돈을 버는 일에 시간과 노력을 투자할 것이다. 이처럼 사람들은 자신이 가치를 두는 것 중심으로 움직이고, 가치가 없다고 생각하는 것에는 관심을 갖지 않으며, 자신에게 가장 중요한 것에 모든 것을 쏟아붓는다.

그러나 신념과 가치관은 삶에 있어서 하나의 수단일 뿐이다. 또한 우리가 선택할 수 있는 것이기 때문에 얼마든지 변경할 수 있다. 생각의 변화로 신념과 가치관을 바꾸면, 자신의 능력을 보다 다양하게 발휘할 수 있다. 그러나 지나치게 한 가지 신념에 몰두한 채 변화를 시도하지 않는 사람들은 제한된 영역에서 살게 된다. 이러한 사람들은 다른 사람들과 소통할 때, 치우친 생각 때문에 문제를 일으킬 수 있다. 자신이 변하지 않으면, 상대뿐 아니라 세상도 변하지 않기 때문이다. 다른 사람과 관계를 잘 맺고 원활하게 소통한다는 것은 그만큼 신념과 가치관에 변화가 일어난다는 의미다.

지금 상사와 소통하는 데 어려움이 있는가? 부하직원이나 동료들과 소통이 잘 되지 않는가? 그렇다면 상대에게서 문제의 원인을 찾기 전에, 무엇이 사람들과의 소통에 걸림돌이 되는지 자신을 돌아봐야 한다. 나의 신념과 가치관을 고수하느라 사람들과의 관계가 어려워지고 있는 것은 아닌지 살펴보고, 나의 신념이 나의 삶과 행동에 방해가 된다면 과감하게 바꿔야 한다.

'단 1분이라도 지각하는 직원은 주인의식과 책임감이 없는 사람이기 때문에 절대로 좋은 점수를 줄 수 없다'는 신념을 가진 팀장이 있다고 하자. 그는 '지각을 하는 것은 최고의 불성실함이다'라고 생각하는 사람이다. 작년에 가장 좋은 점수를 받았던 오 대리가 올해에는 좋은 점수를 받지 못했을 뿐 아니라 팀장과의 면담에서 이해하기 어려운 말을 들었다. 업무성과는 좋지만, 지각을 다섯 번 한 것이 결정적인 감점 요인이 되어 좋은 점수를 줄 수 없다는 것이었다. 지각이라고 해봐야 겨우 10분 남짓 늦었을 뿐인데, 그것 때문에 한 해 동안 열심히 일한 소중한 성과를 평가절하한다는 것이 과연 옳은 일인가? 이 상황에 대해 다른 동료들 역시 부당하다고 판단했다. 그러나 '지각을 하는 것은 최고의 불성실함이다'라는 팀장의 신념이 바뀌지 않는 이상, 오 대리에 대한 평가 결과는 달라질 수 없을 것이다.

여러모로 팀장의 평가는 공정하지 못하다고 할 수 있다. 인사평가에는 여러 가지 평가항목에 대해 다양한 요소들을 고려하여 종합적인 평가를 내려야 하는데, 지각과 같은 부분적인 항목 때문에 전체적으로 낮은 점수를 주는 것은 누가 봐도 부당한 일이다. 그러나 팀장의 신념이 바뀌지 않는 이상, 아무리 다른 항목에서 좋은 평가를 받더라도 개인의 재량으로 주는 점수가 달라지지는 않을 것이다. 이러한 팀장의 신념으로 인한 부당한 평가가 계속되면 직원들 사이에서 저항이 일어날 수 있고, 그로 인해 팀장 역시 불이익을 당할 수도 있다. 이처럼 합리적이지 않음에도 자신의 신념을 고수하면, 관계에 문제가 생길 수도 있다.

사람들과 좋은 관계를 유지하고 소통을 원활하게 하기 위해서는 상황에 따라 자신의 신념과 가치관을 바꿀 수 있어야 한다. 자신의 신념 때문에 다른 사람이 힘들어하거나 문제가 자꾸 생긴다면, 스스로를 돌아보고 변화가 필요한 것은 아닌지 고민해봐야 한다.

지나치게 자신의 신념을 고집하지 않고 자유로워지면, 사람들과의 관계에서도 자유로워질 수 있다. 대인관계와 소통능력이 좋은 사람들은 유연한 자세로 상대를 배려하고 생각을 조정하며 변화를 두려워하지 않는 사람들이다. 포기가 필요할 때는 포기할 줄 알고, 전진이 필요할 때는 거침없이 나아갈 수 있는 사람, 다른 사람의 조언과 비판을 겸허히 수용하고 자신을 돌아볼 수 있는 사람, 언제든 변화를 받아들일 수 있는 사람이 결국 훌륭한 소통자가 되는 것이다.

원활한 소통을 위한 개인적·실용적 욕구

우리는 소통을 통해 서로 원하는 것들을 맞추고 조율해야 한다. 상대의 개인적인 욕구와 실용적인 욕구를 적절히 충족시킬 때, 소통이 원활하게 되었다고 느낀다.

소통을 통해 충족되어야 할 개인적인 욕구에 대해 먼저 살펴보자.

첫째, 자신이 존중받거나 인정받고자 하는 욕구이다. 사람들은 누구나 대화할 때 상대가 자신의 말을 존중하고 인정해 주기를 바란다. 내가 한 말을 상대가 흘려듣거나 무시한다고 느끼면, 그 순간 소통은 끝난 것이다. 우리는 기본적으로 자신의 말을 존중하고 인정하는 태도를 가진 사람들을 좋아한다.

둘째, 나의 말을 귀담아 들어주기를 바라는 욕구이다. 한참 말을 하고 있는데 상대가 경청하지 않고 엉뚱한 대답을 하거나 다른 일에 관심을 보인다면, 더 이상 말을 하고 싶지 않다. 누구나 나의 말을 귀담아 들어주고 적절하게 반응해 주는 사람들을 좋아하기 마련이다.

셋째, 대화에 참여하고자 하는 욕구이다. 소통은 일방적인 것이 아니라 서로 주고받는 것이다. 한 사람만 계속 말하고 상대는 들어주기만 하는 것은 올바른 소통이 아니다. 경우에 따라 한 사람이 끝까지 들어줘야 할 수도 있으나 소통은 기본적으로 쌍방향의 대화이다. 한 사람이 이야기하면, 상대도 일정 정도의 반응을 하며 주고받아야 한다. 만약 사업을 위한 미팅이나 회의에서 한쪽만 일방적으로 이야기하면, 단 한마디도 못하거나 대화에서 소외되거나 허탈감을 느낄 수 있다.

이번에는 소통을 통해 충족되어야 할 실용적인 욕구에 대해 알아보자.

첫째, 대화의 주제를 벗어나지 않는 것이다. 두 팀이 사업에 관해 대화를 하는데, 갑자기 사업과 상관없는 주제에 대해 이야기를 하면 실용적인 욕구를 충족시킬 수 없다. 예를 들어, 주말에 다녀온 가족 여행이나 새로 구입한 휴대폰에 대해 이야기하는 등 사적인 대화를 하는 것은 바람직한 소통이 아니다. 조직에서 비즈니스를 위해 만날 때는 서로 정한 주제와 이슈에 대해서만 이야기해야 한다.

둘째, 좋은 결과를 얻는 것이다. 미팅이나 회의를 2시간이나 했는데도 결론이 나지 않거나 애매한 결과가 나오는 것은 바람직하지 못한 일이다. 물론 문제가 복잡하고 난해한 경우에는 합리적인 결론을 얻기까지 시간이 많이 걸릴 수도 있다. 그러나 독단적인 의견이나 소통이 제대로 이뤄지지 않아서 결과가 나오지 않는 경우도 적지 않다. 미팅이나 회의는 좋은 결과를 얻기 위해 거쳐야 하는 과정이다. 그런데 기대했던 결과가 나오지 않거나 결론이 나지 않은 채 모임이 끝난다면, 그만큼 소통이 제대로 되지 않았기 때문이라고 볼 수 있다.

셋째, 효과적으로 정보를 교환하는 것이다. 소통을 하면, 서로 간에 정보 교환이 이루어진다. 내가 알고 있는 지식이 상대에게 전달되고, 상대의 지식이나 정보를 내가 얻게 되는 것이다. 그런데 정작 우리에게 필요한 지식이나 정보가 아닌 쓸모없는 정보만 얻는다면, 이것은 바람직한 소통이 아니다. 사람들은 다른 사람과 소통할 때, 대부분 자신에게 유리한 방향으로 결론이 나기를 바란다.

결국 우리가 사람을 만나고 이야기하는 것은 필요한 정보를 얻기 위해서일 수도 있다. 이러한 면에서 사람들은 개인적·실용적 필요에 따라 원하는 바를 충족해야 제대로 된 소통을 하는 것이라고 생각한다.

진정한 소통은 내면의 욕구를 찾는 것이다

누구나 소통을 잘하고 싶어 하지만, 안타깝게도 우리는 늘 같은 실수를 저지른다. 소통은 상대의 필요를 알아내고 거기에 맞게 적절히 반응하는 것이다. 상대의 표면적인 행동만 보고 소통을 하면, 실수할 가능성이 매우 높다. 그러므로 겉으로 드러난 행동 이면에 숨어 있는 상대의 감정, 생각, 기대, 욕구를 잘 파악해야 한다. 대화 중 상대의 감정이 어떤지, 거기에 담긴 생각은 무엇인지, 나에게 기대하는 바가 무엇인지를 알아볼 수 있어야 진정으로 상대방을 이해할 수 있는 것이다. 그러나 상대방을 완벽하게 이해한 상태에서 소통하는 사람은 찾기 힘들다. 그래서 우리 사회나 조직, 개인 간의 소통에 문제가 생기는 것이다.

예를 들어, 아직 말이 서툰 세 살짜리 아이가 우유병을 들고 아빠에게 왔다고 해보자. 아빠는 우유가 남아 있는 것을 보고 아이에게 남은 우유를 다 먹고 오라고 말한다. 그러자 아이는 이번에는 엄마에게 가서 우유병을 내민다. 엄마는 "우유병을 바꿔 달라고?" 하고 묻고는 깨끗한 병이니 그냥 먹으라고 한다. 이제 아이는 우유병을 들고 다섯 살 오빠에게 간다. 아이의 오빠는 동생의 우유병을 보더니 활짝 웃으며 자신이 먹던 음료수 컵을 들며 "건배"라고 외친다. 그러자 세 살 아이도 만족스러운 듯 활짝 웃는다. 여기서 세 살 아이의 기대와 욕구를 제대로 파악한 것은 다섯 살 오빠였다. 아이가 원하는 것이 무엇인지 세심하게 살피지 않으면, 아무리 부모라도 아이와의 소통이 제대로 이뤄질 수 없다. 이처럼 상대방을 잘 살펴봐서 그 사람이 바라는 바가 무엇인지를 정확히 파악하는 것이 소통에 가장 필수적이다.

소통 중 발생하기 쉬운 오류에 대한 재미있는 실험이 있다. 먼저 다음의 글을 읽어 보자. "캠릿브지 대학의 연구결과에 의하면, 한 단어 안에서 글자의 배열은 그다지 중요하지 않으며, 첫째번와 마지막 글자의 위치가 올바른가가 중하요고 한다. 나머지 글들자은 완전히 엉으망로 배열되어 있라더도 당신은 전혀 문없제이 그것을 읽을 수 있다. 왜냐하면 인간의 두뇌가 글자를 하나하나 읽는 것이 아니라 단어 전체를 하나로 인하식기 때이문다."

아마 읽기가 매우 불편했을 것이다. 그런데 글자의 순서가 엉뚱하게 배열되어 있어도, 문장을 이해하는 데는 그다지 문제가 없다. 왜냐하면 우리의 두뇌가 단어 전체를 하나로 묶어서 인식해서 글자의 배열이 잘못되거나 문제가 있어도 전체 맥락을 충분히 이해할 수 있기 때문이다. 그래서 사람들은 다른 사람의 이야기를 적당히 듣고 다 이해했다고 생각하기도 한다.

소통에서 가장 중요한 것은 상대방이 무엇을 이야기하고자 하는

지를 정확히 파악하는 것이다. 상대의 말을 귀 담아 들으면서 그 안에 담긴 기대와 욕구를 알게 되면, 소통은 훨씬 수월해진다.

경청, 들어야 함께 산다

상대방의 입장에 서라

직장인을 대상으로 실시한 설문조사 결과, 10명 중 9명이 소통에 문제가 있다고 답했다. 그중에서도 '잘 듣기'가 어렵다는 대답이 제일 많았다. 우리는 일반적으로 다른 사람의 말을 듣는 것이 어렵지 않은 일이라고 생각하지만, 실제로는 대화 중 상대의 말 듣는 것을 어려워하고 있는 것이다.

그런데 오래전부터 여러 학자들이 제대로 듣는 것이 쉬운 일이 아님을 언급하였다. 그리스 철학자 제논은 "신은 인간에게 귀 두 개와 혀 하나를 주었다. 인간은 말하는 것보다 두 배로 들어야 한다"고 하였다. 입이 한 개이고 귀가 두 개인 것을 말하는 것보다 두 배 더 들으라는 교훈과 연결하니 훨씬 설득력이 있다. 시카고대학의 심리학 교수인 토마스 고든은 "경청은 감정을 정화한다. 경청은 상대로 하여

금 자신의 감정을 정확하게 표현할 수 있게 한다. 종종 자신의 감정을 표현하고 나면, 거짓말처럼 그 감정이 사라져 버린 것 같을 때가 있다"고 하였다. 듣는 것을 감정과 연관시켜 말을 제대로 들음으로써 상대방의 감정을 다스릴 수 있고, 이것이 자연스럽게 자신의 감정을 정화시키는 결과로 이어진다는 것이다. 실제로 이런 일은 자주 일어난다.

종종 분노에 뻐져 있는 친구의 이야기를 들어줄 때, 한참 자신이 겪은 힘든 일들을 모두 이야기하고 난 후 스스로 감정의 추스르는 것을 볼 수 있다. 누군가에게 말을 한다고 해서 문제가 해결되는 것은 아니지만, 이야기를 하면서 자신의 감정을 조절할 수 있게 되고, 화가 났던 상황에 대한 생각들이 정리되어 저절로 해소되기 때문이다. 이때 이야기를 들어주는 사람은 최대한 말하는 사람의 입장을 공감하며 경청해야 한다. 그런 분위기 속에서 상했던 감정이 치유된다.

자동차 왕으로 불렸던 헨리 포드는 "성공의 비결을 꼽으라면, 다른 사람의 입장을 이해하고, 자기뿐 아니라 다른 사람의 입장에서 상황을 볼 줄 아는 능력이라고 할 수 있다"라고 하였다. 다른 사람의 입장을 이해한다는 것은 역지사지의 자세로 다른 사람의 상황과 마음을 헤아리는 것이다. '내가 저 사람이었다면 어떻게 결정했을까?' '어떤 선택을 했을까?'를 고려하며 그 사람의 입장에서 이야기를 들어주는 것이 공감적 경청이다.

'듣는다'는 것은 대부분 누군가의 말을 나의 입장에서 듣는 것이다. 우리는 자신이 상대의 입장을 충분히 이해한다고 생각하지만, 사실 자신의 기준에서 이야기를 듣는다. 이렇듯 나의 입장에서 듣기 때문에 상대방이 이야기하고자 하는 바를 왜곡해서 들을 수 있다.

그에 반해 '경청'은 상대방이 말하는 것과 느끼는 것을 실제로 그 사람의 입장에서 이해하는 것이다. 그런 의미에서 상대가 말하려고 하는 것이 무엇인지, 그 말의 의도가 무엇인지에 관심을 가지고 듣는다면 최고의 경청이라고 할 수 있다. 그러나 대부분의 사람들은 상대방의 입장보다는 나에게 어떤 영향을 미칠지, 내가 무슨 말을 해야 할지를 더 중요하게 생각한다. 상대방이 말하고자 하는 바와 그 속에 담겨 있는 본심까지 이해하려고 노력하며 듣는 것이 진정한 공감적 경청이다.

말하는 사람의 입장에서 그 사람의 생각과 감정을 헤아리며 듣는 것, 그것을 듣고 어떻게 반응해야 할지를 생각하며 듣는 것을 공감적 경청이라고 한다. 흔히 공감적 경청을 잘하면, 다른 사람의 마음을 잘 열 수 있다고 말한다. 자신이 말하면서 스스로 마음을 열기 때문에 무조건 들어주는 것만으로도 상대의 마음을 열 수 있는 것이다.

경청, 어려운 일

사람들은 경청이 어렵지 않다고 말하지만, 생각보다 쉽지 않은 것이 경청이다. 그냥 말을 쉽게 하는 것은 어렵지 않을 수 있지만, 누군가의 말을 귀담아 듣는 것은 사실 힘이 많이 드는 일이다. 따라서 사람들은 생각만큼 다른 사람의 말을 잘 들어주지 못하거나 잘 듣는 것 같지만 사실은 성의를 다하지 않는 경우가 많다. 여기서 잠시 경청이 왜 어려운지에 대해 알아보자.

사람들마다 멘탈 모델이 다르기 때문이다

모든 사람은 저마다 고유한 인식구조를 가지고 있다. 그렇기 때문에 동시에 같은 말을 들어도 각자 지니고 있는 지식, 경험, 동기, 정보 등이 서로 다르기 때문에 그것을 다르게 듣고 해석한다. 이와 같이 어떤 사실이나 현상을 바라볼 때 영향을 끼치는 개인의 가치관이나 신념 등의 체계를 멘탈 모델mental model이라고 한다. 개개인이 가지고 있는 멘탈 모델이 저마다 다르기 때문에 동시에 같은 말을 들어도 서로 다르게 이해하고 해석하는 것이다. 이런 이유 때문에 상대의 말에 동의하지 않더라도 차이를 인정하는 자세가 필요하다.

교육학 박사 로저스는 "누군가의 관점에 동의하거나 지지하지 않더라도, 그것을 받아들이고 이해할 수는 있다"고 하였다. 나의 멘탈 모델에 비추어봤을 때 상대방의 말에 전혀 동의하거나 지지할 수 없더라도, 우선은 경청하여 상대방의 관점을 받아들이는 것이 중요하다. 비록 내가 동의하지는 못해도 상대방을 전적으로 이해하거나 그렇게 하려고 노력하는 것은 그 사람과 나의 다름을 인정하고 받아들인다는 의미이다.

사람들은 대화 중에 상대가 자신의 생각과 다르면, 먼저는 왜 그렇게 생각하는지 이유를 궁금해 한다. 그러다가 이유가 공감되지 않으면 아예 들으려 하지 않다가 결국 대화를 중단하는 경우가 있는데, 이것은 상대의 멘탈 모델을 전혀 수용하지 않는 바람직하지 못한 태도다. 사람마다 살아온 방식이 다르므로, 살면서 형성된 신념, 가치관, 경험, 동기, 정보 등을 당장 이해할 수 없더라도 서로의 다름을 인정하는 자세가 중요하다. 이것이 잘 되지 않으면, 제대로 경청할 수 없다.

상대방의 이야기를 자신의 경험에 비추어 생각하기 때문이다

다른 사람의 이야기를 들을 때, 우리는 자신의 사고의 틀 안에서 그 상황을 생각하게 된다. 따라서 이어지는 대답 또한 자신의 관점에서 하는 것이기 때문에 상대방이 그것을 이해할 수 없는 경우가 적지 않다. 특히 조직에서 나이 차이가 많은 직원들과는 세대차가 클 수 있는데, 이때 상사가 일방적으로 자신의 경험을 부하 직원에게 주입시키려는 태도를 보이면, 그 자체가 공감할 수 없는 상황으로 되어 버리고 만다.

상대방이 말하는 중에 자신이 할 이야기를 생각하기 때문이다

대화를 할 때, 대부분의 사람들은 상대방이 말하는 것을 들으면서 자신이 무슨 말을 해야 할지를 생각한다. 상대방의 말을 정확히 듣고 나서 이야기를 해야 하는데, 자신이 무슨 말을 할지 생각하느라 상대방의 이야기를 흘려듣게 되는 것이다. 이런 현상은 특히 여러 명이 회의를 할 때 자주 발생하는데, 한 가지 주제를 놓고 여럿이 돌아가면서 이야기하다 보면 다른 사람의 말을 듣지 않고 자신이 무슨 말을 해야 할지에 신경을 쓰게 된다. 그래서 회의가 끝난 뒤 어떻게 결론을 내렸는지를 듣지 못해서 다시 물어보는 사람들이 적지 않다.

상대방이 말할 때 다른 생각을 하기 때문이다

우리는 상대방의 이야기에 집중하기 어렵거나 그것이 그다지 중요하지 않다고 생각하면, 자신도 모르게 다른 생각을 한다. 특히 상사들이 부하직원과의 대화 중에 퇴근 후 저녁에 잡힌 약속이나 집안의 처리해야 할 일들을 생각하기도 한다. 이럴 경우 상대의 말을 놓칠 수 있기 때문에 되도록 상대방이 이야기하는 것에 관심을 가지고 있어야 집중해서 경청할 수 있다.

피곤하거나 에너지가 약해지면 경청이 어렵기 때문이다

몸이 아프거나 피곤할 때 대화를 하면, 에너지가 고갈되어 상대방의 말에 집중하기가 쉽지 않다. 이런 상황에서 중요한 이야기를 하면 좋은 대화가 될 수 없기 때문에 일정을 미루어 컨디션이 좋을 때 이야기하는 것이 좋다.

경청에 대한 몇 가지 오해

종종 사람들이 대화할 때 경청하기가 쉽지 않다고 한다. 이론은 쉬운 것 같아도 실제 대화에서 경청하기가 어렵다고 하는데, 이는 우리가 경청에 대해 오해하고 있기 때문이다. 경청에 대해 사람들이 가장 많이 하는 오해에 대해 알아보자.

경청은 시간이 오래 걸린다

적지 않은 사람들이 경청을 하다 보면 시간이 오래 걸린다고 생각한다. 물론 끝까지 이야기를 들어주는 것이 중간에 말을 끊는 것보다 시간이 많이 걸릴 수는 있다. 그러나 이야기를 끝까지 들어주는 것이 중간에 말을 끊거나 자신이 하고 싶은 말을 먼저 해서 상대의 이야기를 다시 들어야 하는 상황보다 시간이 더 적게 걸리기 때문에 전체 대화시간은 오히려 줄어든다. 시간을 넉넉히 가지고 상대방의 말을 집중해서 듣기만 해도 문제의 절반 이상은 쉽게 해결할 수 있다.

시간이 없을 때는 내가 설명하는 것이 더 효과적이다

조직에서 일할 때는 시간 소요를 최대한 줄이는 것이 매우 중요하다. 업무로 바쁜 와중에 한가하게 대화를 나눌 여유가 어디 있겠는가? 그래서 상사들은 종종 이야기를 듣다가 중간에 "됐고" 하면서 상대의 말을 끊고 자신이 원하는 바를 먼저 말한다. 왜냐하면 지루하게 이야기를 다 듣는 것보다 자신이 생각하는 바를 설명하는 것이 더 빠르고 효과적이라고 생각하기 때문이다. 그러나 그것은 옳지 못한 생각이다. 상대방의 말을 다 듣지도 않고 자신이 설명하려고 하면, 오해가 생기거나 중요한 말을 놓칠 위험이 있다. 아무리 상사라 해도 본인이 담당자가 아니라면 이야기하는 내용에 대해 정확히 알지 못할 수도 있다. 따라서 아무리 여유가 없더라도 차분하게 끝까지 듣는 자세가 필요하다.

경청을 하면 상대방의 요구를 다 들어줘야 한다

상대의 말을 경청한다고 해서 그 사람의 요구를 다 들어준다면, 누가 경청하려 하겠는가? 충분히 이야기를 듣고 난 뒤, 그것이 합당하고 이치에 맞는 요구라면 들어줄 수도 있을 것이다. 그런데 만약 부당한 요구라면, 그것을 들어주지 못하는 이유를 정확하게 설명해주어야 하기 때문에 상대의 이야기를 끝까지 잘 들어야 한다. 왜 내가들어줄 수 없는지에 대해 명확한 근거를 가지고 이야기하려면, 먼저상대의 말을 끝까지 들은 후 그의 요구를 파악해야 한다.

듣고 나서 들어주지 못하는 것보다 중간에 말을 끊는 것이 더 좋다

이것은 상사와 부하직원 사이에 자주 일어나는 일이다. 상사의 입장에서 부하 직원의 이야기가 상황에 안 맞거나 부담스러운 요구라면들어줄 수 없다. 그럴 경우 요구를 들어주기에는 무리가 되거나 부담스러워서 대화 중간에 "우리 회사에서는 그렇게 할 수 없어", "회사 분위기를 잘 모르는군"과 같은 식으로 말문을 막아 버리기 쉽다. 그러나 이것은 잘못된 반응이다. 이야기를 끝까지 들은 후에도 상대의 요구에 응할 수 없어서 상대방을 잘 설득해야 한다면, 일단은 그의 말을 끝까지 들어주어야 한다. 그래야 왜 안 되는지에 대해 차분하게 논리적으로 이야기할 수 있고, 상대방도 기분 상하지 않으면서 납득하고 이해할 수 있기 때문이다.

심리학자인 제라드 이건은 경청에 대해 "상대방이 전하는 언어적·비언어적 메시지, 명확하거나 불명확한 메시지를 특별하게 포착하고 이해하는 것이다"라고 정의하였다. 다시 말해서 언어적·비언어적 메시지를 특별하게 포착하고 이해하는 것, 메시지에 담긴 명확하거나 불명확한 의미까지 특별히 이해할 수 있는 것이 경청이다.

사람들은 각자의 방식으로 자신만의 스타일로 말한다. 그래서 똑같은 말을 해도 듣는 사람에 따라 다르게 들리는 경우가 있다. 이러한 경우 제대로 듣는 경청은 말하는 사람이 어떤 의도를 가지고 그런 말을 했는지 정확히 분석하고, 비언어적인 요소들까지도 포착하여 그 의미를 파악해야 하는 것이다. 이것이 진정한 공감적 경청이다.

속마음을 아는 일이 바로 경청이다

사람들은 대화를 할 때, 상대의 말뿐 아니라 거기에 담긴 감정까지 들어주고 있는 것이다. 이처럼 대화를 할 때 말에 담긴 느낌과 뉘앙스를 파악하는 것이 감정 파악이다. 특별히 사람들은 특정 자극을 받으면 반응을 하는데, 그러한 자극과 반응 사이에 있는 것이 바로 감정이다. 이때 같은 자극이라도 어떤 감정을 가지고 행동하느냐에 따라 상대의 반응은 달라진다.

회사에 입사한 지 4년 된 김 대리는 보고서를 올릴 때마다 자꾸 같은 실수를 반복한다. 이런 경우 상사는 김 대리의 반복적인 실수에 반응을 하기 전에 그의 감정을 먼저 살펴야 한다. 상대방의 감정을 헤아리지 않고 자기 기분대로 "김 대리, 지금 회사생활 한 지 몇 년짼데 몇 번이나 같은 실수를 반복하는 거야. 신입사원도 아니고 똑바로 하지 못해!"라고 반응한다면 부정적인 감정만 표출한 것이다. 그럴 경우, 김 대리는 부끄럽고 당황스러워 실수를 한 자기 자신과 화를 내는 상사를 원망할 것이다.

그렇다면 이런 상황에서 상사가 어떻게 반응하는 것이 좋을까? "김 대리, 이번에도 이 부분을 빠뜨렸네. 매번 같은 부분을 놓치는 걸 보면 특별한 이유가 있을 것 같은데, 뭐가 문제인지 잘 생각해 봐. 본인도 같은 실수를 반복해서 당황스러울 텐데, 다음부터는 보고서를 작성할 때 그 부분을 몇 번 더 확인하면 어떨까?" 이렇게 상대의 마음을 헤아려주는 것이 문제를 해결하는 데 도움이 될 것이다. 자신이 같은 실수를 반복하여 지적을 당하는 상황에서 김 대리는 매우 속상하고 자신이 원망스러울 것이다. 거기에 상사에게 꾸중까지 들으면 감정은 완전히 상하고 마음은 무너질 것이다. 따라서 이런 상황에서 상대의 마음을 충분히 헤아려주고 배려하는 말을 해주는 것이 서로에게 더 좋은 방법이다.

공감적 경청은 상대방의 말과 함께 그 속에 담겨 있는 감정까지 들어주는 것이다. 그리고 그 감정 속에 감춰져 있는 마음을 헤아려주는 것이 진정한 공감적 경청이다.

사람들은 평상시에는 감정과 이성이 균형을 이루고 있다. 그런데 특정한 상황이 발생하여 화가 나게 되면 감정이 이성을 치고 올라와 이성은 마비되고 감정이 사고를 장악해 버린다. 이럴 때 깨진 균형을 되찾기 위해서는 이성이 감정을 다스릴 수 있어야 하는데, 감정에 사고가 마비된 사람들의 말을 차분하게 경청하고 그들의 감정을 헤아려 주는 것이 좋다. 그렇게 되면 자신이 이해받고 있다고 느끼게 되고 흥분된 마음이 진정되어 다시 감정과 이성의 균형을 찾게 된다.

예를 들어 회사 동료가 이렇게 말했다고 가정하자. "지난주에 오랫동안 만난 남자친구와 헤어졌어요. 만약 남자친구와 헤어지지 않았다면, 이번 발렌타인데이에 초콜릿도 주고 만나서 좋은 시간을 보냈을 거예요." 이때 상대는 이별에 대한 아쉬움과 외로움, 그리움, 서글픔 등을 느끼고 있을 것이다. 그런 상대에게 "여전히 남자친구가 그리운가 봐요"라고 반응하며 아쉬운 마음을 헤아려주는 것이 좋다.

이번에는 김 대리의 실수로 팀장이 다음과 같이 화를 냈다고 가정하자. "김 대리, 김 대리의 실수 때문에 많이 당황스럽네요. 이렇게 보고를 늦게 하면 저보고 어떻게 하라는 겁니까?" 현재 팀장은 김 대리의 실수 때문에 화가 나고 좌절감과 분노를 느끼고 있다. 이런 상황에서 김 대리는 다음과 같이 반응하는 것이 좋다. "팀장님, 저의 실수 때문에 화가 많이 나셨군요. 제가 보고를 늦게 해서 곤란하게 해드린 점 죄송합니다. 다음부터는 늦게 보고해서 문제 생기는 일이 없도록 미리 보고하겠습니다."

이렇게 상대방의 감정을 헤아려주면, 처음에는 화를 내거나 짜증을 부리다가도 자신의 감정을 알아줬기 때문에 다시 이성과 감정의 균형을 되찾아 차분하게 대화할 수 있다. 제대로 들어준다는 것은 이처럼 상대의 감정을 헤아려주는 것이다. 감정은 때로 사람의 인생을 좌지우지하기도 한다. 때로 아무것도 아닌 사소한 일 때문에 감정이 상하여 일을 그르치는 경우가 있다. 그러므로 이런 실수를 방지하기 위해 상대의 감정을 잘 살펴서 반응하는 것이 바람직한 경청의 자세이다.

경청의 5가지 방법

상대의 말을 귀담아 듣는 경청에는 여러 가지 방법이 있다. 경청의 5가지 방법을 살펴보고, 자신이 평소에 어떤 식으로 사람들의 이야기를 듣는 편인지 생각해 보자.

- 무시하기: 상대방의 말을 무시하는 경우로, 말하는 내용이 거의 전달되지 않는다.
- 듣는 척하기: 겉으로는 상대방의 말을 듣는 것 같지만, 속으로는 다른 생각을 하는 상태이다. 듣는 사람이 형식적으로 듣는 시늉만 하고 자신이 할 말에만 신경을 쓰기 때문에 상대방이 말하는 내용이

제대로 전달되지 않는다.

- 선택적 듣기: 상대방의 말을 듣고는 있으나 메시지 전체가 아닌 자신이 듣고 싶은 내용만 선택적으로 듣는 것을 말한다. 주로 여러 사람이 의견을 나누는 회의를 할 때, 선택적 듣기를 많이 한다. 이때 자신에게 필요한 내용만 듣고 나머지는 중요하다고 생각하지 않기 때문에 딴 생각을 하거나 낙서를 하는 등 제대로 집중하지 않는다.

- 귀 담아 듣기: 말하는 사람이 무슨 말을 하는지 집중해서 듣는 것으로, 이 정도의 경청은 나쁘지 않다. 상대방이 무슨 말을 하는지 제대로 들으려고 노력하기 때문이다.

- 공감적 경청: 지금은 고인이 된 세계적인 리더십 학자 스티븐 코비는 공감적 경청이 최고 단계의 경청이라고 하였다. 대화할 때 필요한 최고의 경청자는 공감적 경청자이다. 상대방의 말에 담긴 의미를 추측하고 자신이 들은 내용이 맞는지 확인하여 그 말에 담겨 있는 의도와 욕구, 감정까지 헤아려 듣는 것이 진정한 경청이다.

위의 5가지 경청의 방법에 비추어 현재 자신의 경청상태는 어디에 해당되는지 살펴보자. 상황에 따라 다르겠지만, 아마도 공감적 경청을 하는 사람은 많지 않을 것이다. 대부분의 경우, 듣는 것에 대해 이 정도까지 해야 하는지 미처 생각지 못하기 때문이다. 다음 사례를 통해 실생활에서의 경청의 방법에 대해 생각해 보자.

김 대리는 오늘 결혼기념일을 맞아 저녁에 근사한 레스토랑을 예약하여 아내와 오붓한 시간을 보내기로 했다. 퇴근 시간이 지나 다들 퇴근하고 김 대리도 설레는 마음으로 사무실을 나서려는데, 갑자기 총무팀에서 연락이 왔다. 내일 아침에 급하게 사장님에게 보고할 안건을 인사팀에서 당장 처리해야 한다는 것이었다. 이미 모든 직원이 퇴근하고 김 대리만 남았는데, 김 대리가 해결할 수 있는 일이었다. 이 상황에서 김 대리는 어떻게 해야 할까?

잠깐 고민을 하던 김 대리는 사장님에게 해야 할 보고니 우선 자신이 해보겠다고 하고 전화를 끊었다. 그리고 서둘러서 일을 처리하려고 하는데, 시간이 적지 않게 걸린다. 결국 아내와 저녁을 먹기로 약속한 시간이 지나 아내에게 전화해서 사정을 이야기하고 주말에 다시 식사를 하기로 했다. 이야기를 잘 하기는 했지만, 마음이 좋지 않다. '하필 결혼기념일에 급한 일이 생기고, 왜 사무실에 나밖에 없었던 것일까?' 하지만 이미 지나간 일이었다. 일을 마무리한 김 대리는 늦게 사무실을 나섰고, 다음 날 출근하여 사수인 오 과장에게 어제의 상황을 이야기한다. 이때 오 과장의 반응을 앞에서 설명한 5가지 경청의 방법으로 나누어서 예를 들면 다음과 같다.

- 무시하기: 대수롭지 않는다는 듯이 "음…" 하고 짧게 반응하고 더 이상 아무 말이 없다.
- 듣는 척하기: "그래? 결혼기념일이었는데, 그런 일이 있었단 말이야?" 하고

반응을 하고 그 이상 별 다른 말이 없다.

- 선택적 듣기: "그래? 나 때는 더한 일도 있었어"라며 자신의 대리 시절 이야기를 한다. "나는 대리 때는 회사에 세무조사가 들어와서 장인어른 장례식에도 못 갔잖아. 일주일 내내 사무실에서 꼼짝할 수가 없었다니까"라며 상대의 말을 선택적으로 듣고 자신의 이야기를 길게 늘어놓는다.

- 귀 기울여 듣기: "그래? 결혼기념일에 아내와의 약속까지 취소하고 야근을 했단 말이지? 힘들고 속상했겠네." 이 정도면 양호한 편이지만, 아직 부족하다.

- 공감적 경청: "정말? 그런 일이 있었으면 나한테 바로 연락하지 그랬어. 그럼 나라도 와서 대신 처리했을 텐데 말이야. 역시 김 대리는 책임감이 남달라. 어쩌면 총무팀에서도 김 대리가 믿음직스러워서 특별히 부탁했을 거야. 김 대리가 우리 팀에서 제일 훌륭한 인재라니까!"

어제의 일은 이미 지나갔고, 이제 와서 되돌릴 수도 없는 상황이다. 그래도 김 대리는 어제의 일로 인해 불편했던 감정을 위로받고 싶었을 것이다. 당황스럽고 힘들었던 상황에 대해 선배에게 공감과 위로를 기대했을 것이다. 어제의 일을 이야기하는 김 대리의 의도는 "저 어제 좀 힘들었어요. 제 마음을 알아주세요" 정도였을 것이다. 그러면 그 마음을 헤아려주면 된다. 그의 입장을 알아주고 공감해주고 위로해주면, 어제의 속상한 마음은 풀어질 것이다. 그런데 우리는 대부분 그렇게 반응하지 않는다. 주로 경청의 방법 중 앞의 4가지에 그쳐 상대방의 속마음을 제대로 살피거나 공감하지 못하는데, 진심으로 경청하는 태도를 배워 공감적 경청을 위해 노력해야 한다. 또 다른 사례를 살펴보자.

프로그램 개발팀의 오 대리는 회사에서도 손에 꼽힐 정도로 뛰어난 인재다. 워낙 프로그램 개발을 잘해서 매년 다른 팀에서 눈독을 들이는 실력 있는 사원이었는데, 어느 날 갑자기 회사를 그만둔다며 우리 팀에 인사를 왔다. 교육을 하면서 어느 정도 친분이 있는 사이라 잠시 커피를 마시며 이야기를 들어보니, 그동안 상사와 갈등이 심했다고 한다. 내향적이어서 표현을 잘 하지 않는 편인데, 상사와 안 맞아 계속 참고 지내다가 더 이상 견딜 수 없어서 퇴사를 결정한 것이다. 프로그램 개발팀 팀장도 오 대리의 갑작스런 퇴사 결정에 당황하며 왜 진작 이야기하지 않았냐며 억울해했다.

리더로서 팀원들이 힘들어하는 점은 없는지 살피는 것이 팀장의 역할이다. 아무리 바쁘더라도 팀원들이 어떤 상태이고, 무엇 때문에 힘들어하는지를 미리 확인했다면, 이런 상황까지 가지는 않았을 것이다. 사람들마다 표현하는 방식이 저마다 다르다. 리더에게 직접 이야기하는 사람도 있지만, 상사가 마음에 들지 않거나 맞지 않아도 혼자서 참다가 더 이상 견디기 힘들어지면 퇴사를 결정하는 사람들도 있다. 그런 관점에서 리더는 팀원들의 이야기를 잘 들어주고 주기적으로 상태를 확인해야 한다. 단순히 관리를 위한 것뿐 아니라 진솔하게 이야기를 듣고 공감해주면서 그들의 생각을 이해하고 어떤 어려움이 있는지를 잘 파악하는 리더가 훌륭한 리더다.

공감적 경청의 5단계

공감적 경청의 5단계는 다음과 같다.

1단계) 제대로 듣기: 상대방이 무슨 말을 하는지 소리로 제대로 듣는 것이다. 상대의 말을 귀로 잘 듣고 내용을 정확히 파악한다.

2단계) 비언어적으로 듣기: 상대방의 말을 들으면서 그의 몸짓이나 캘리브레이션을 잘 포착한다. 눈으로 상대를 살피면서 어떤 감정을 가지고 이야기하는지를 파악한다.

3단계) 마음을 듣기: 상대방이 말한 내용에 담겨 있는 그의 의도와 필요와 욕구를 파악한다. 상대의 마음속에 숨겨진 욕구를 파악하는 것이다.

4단계) 기억해서 말해 보기: 상대방의 말을 이해한 만큼 말로 표현할 수 있어야 한다. 다시 이야기했을 때, 그것을 제대로 이해했는지 확인해야 한다.

5단계) 감사함으로 마무리하기: 대화가 끝났을 때는 꼭 상대방에게 감사의 표현을 해야 한다. '이렇게 이야기해 주어서 감사하다' '이렇게 보고를 잘해 주어서 고맙다'와 같은 식으로 자신에게 이야기해 준 것에 대한 감사를 표현함으로 경청을 마무리한다.

두 명이 짝을 지어서 공감적 경청을 연습하는 것도 좋은 방법이

공존과 상생을 위한 하모니 리더십

다. 한 명이 요즘 하고 있는 고민을 이야기하면, 상대방은 5단계 공감적 경청 프로세스에 따라 그 이야기를 들어주는 것이다. 이때 3-5분 정도 들어주고 난 후 상대의 이야기에 대해 자신의 생각과 느낌을 말해 준다. 그리고 서로 역할을 바꿔서 대화를 한다.

이렇게 들어주는 연습을 해봄으로써 공감적 경청이 얼마나 중요한지, 제대로 들어줄 때 말하는 사람의 감정이 어떻게 달라지는지를 직접 확인할 수 있다.

공감, 타인의 입장이 되어라

공감은 상대방의 입장이 되어 보는 것

비폭력대화NVC의 마샬 로젠버그는 소통을 잘하는 방법은 결국 얼마나 다른 사람에게 공감을 잘할 수 있느냐에 달려 있다고 주장하며, 다음과 같이 공감의 전제에 대해 언급하였다. "공감Empathy이란 다른 사람의 경험을 존중하고, 진심으로 그 사람의 입장을 이해하는 것이다. 우리는 공감을 하기보다는 사람들에게 충고하거나 안심을 시키려 하고, 자신의 입장이나 느낌을 설명하려는 경향이 있다. 그러나 공감은 자신의 생각을 비우고 다른 사람의 말에 귀 기울이는 것이다."

장자 역시 2,300년 전에 "진정한 공감이란 마음을 비우고 자신의 전 존재로 상대의 말을 듣는 것이다"라고 하였다. 이와 같이 공감은 다른 사람에 대한 나의 생각이나 선입견을 버리는 것이다. 나의 생각을 내려놓고 다른 사람의 생각을 들어주려는 것, 최대한 상대와 연결되기 위해 노력하는 자세이다. 상대의 말을 듣고 그 내면에 담긴 진심을 알아내어 상대와 마음으로 연결되면 공감이 잘 이루어진 것이다.

미국의 오바마 대통령은 공감을 잘하는 리더로 꼽을 수 있다. 2017년 퇴임 당시 오바마 대통령의 지지율은 거의 60퍼센트에 달했다. 퇴임하는 대통령 지지율 중 거의 최고라고 한다. 그는 어떻게 그런 높은 지지를 얻었을까? 오바마 대통령의 8년 재임 기간 중 그의 일거수일투족을 촬영한 비디오자키는 오바마의 퇴임 후 공개한 다큐멘터리에서 그의 공감 능력이 높은 지지율을 이끌어낸 비결이라고 하였다. 여러 가지 성과도 있지만, 국민에게 보여준 그의 공감 능력은 다른 대통령들과 사뭇 달랐다는 것이다. 지진이나 총기 사건이 일어났을 때, 대통령으로서 의무적으로 사고 현장에 간 것이 아니라 진심으로 그들의 불행과 아픔을 자기의 것으로 끌어안고 사람들과 소통하고 공감했다는 것이다.

비디오자키는 언론에 공개되지 않은 영상을 통해 오바마 대통령이 어려움에 처한 국민들에게 찾아가서 그들과 함께 아파하고 진심으로 그들을 위로하고 격려했음을 보여주었다. 그의 영상에는 실제 그러한 오바마 대통령의 모습이 담겨 있었다. 결국 진심은 통하기 마련이고, 쇼맨십으로 슬퍼하는 것은 시간이 지나면 다 드러나게 되어 있다.

누군가에게 공감한다는 것은 그 사람의 입장에서 그가 아파하는 것을 함께 아파하고 고통을 함께 나누어지는 것이다. 당장 해줄 수 있는 것이 없더라도 아픈 마음을 달래주는 것, 그 자리에 그냥 같이 있어 주는 것만으로도 위로와 공감이 되는 것이다.

리더들의 리더십은 공감 능력에 따라 확연하게 달라진다. 수많은 리더들이 성과를 중시하는데, 공감 능력이 없으면 그 성과는 신기루와 같이 쉽게 사라진다. 성과와 공감 능력이 균형을 이루는 리더가 오래도록 인정받을 수 있다.

공감의 6가지 전제조건

공감에는 상황에 따른 전제조건이 필요하다. 마샬 로젠버그는 아래와 같이 공감의 전제조건을 6가지로 제시하였다. 잘 살펴보고 자신의 공감능력에 대해 성찰해 보면, 큰 도움이 될 것이다.

공감은 항상 현재에서 일어난다

공감은 현재의 상황에서 일어나는 현재진행형이다. 과거나 미래가 아니라 대화하고 있는 이 시간, 바로 지금이 서로 공감할 수 있는 상황이다.

공감은 말 뒤에 숨겨진 관찰, 느낌, 부탁에 초점을 맞춘다

보통 사람들은 대화할 때 말로 표현되는 표면적인 단어에 초점을 맞추는데, 그보다 그 말 뒤에 숨겨진 내면의 소리, 상대가 요구하거나 부탁하고자 하는 바가 무엇인지에 초점을 맞춰야 한다. 직접적으로 표현하는 경우도 있지만, 대부분 우회적으로 말하기 때문에 말 속에 감춰진 감정을 제대로 파악할 수 있어야 공감을 잘할 수 있다.

상대방에게 넉넉히 시간을 주는 것이 중요하다

대화를 할 때, 사람들은 시간을 충분하게 갖지 않는다. 특히 바쁜 상사들이 자주 그러는데, 팀원들과 이야기를 하다가도 연이어 열리는 회의나 미팅 때문에 대화를 중간에 끊고 가는 경우가 많다. 이런 식으로 대화를 하다가 끊으면, 다음에 다시 처음부터 이야기를 시작해야 한다. 그리고 공감대가 형성되지 않았기 때문에 모든 것이 원점으로 돌아간다. 따라서 상대가 누구든 다음 일정을 고려하여 충분한 시간을 확보한 후에 이야기하는 것이 좋다. 생각지 못한 일로 대화가 길어질 수도 있기 때문이다.

공감이 안 될 때는 내가 더 공감이 필요한 상황일 수 있다

대화를 한참 했는데도 상대방의 이야기에 전혀 공감이 안 되고, 아무리 이해하려 해도 이해가 잘 되지 않는다면, 에너지가 부족해서 공감할 여유가 없는 상황일 수도 있다. 또는 내가 공감이 필요한 상태인데, 다른 사람을 공감하려고 해서 전혀 이해가 안 되는 것일 수도 있다. 이처럼 내가 건강하지 못한 상태일 경우에는 상대방의 말에 공감할 수 없다. 그런 상황이라면, 먼저 자신의 에너지를 보충하여 충분히 여유가 생긴 후에 대화를 하는 것이 더 좋은 방법이다.

공감은 말로 하는 것이 아니라 대부분 침묵 속에서 이루어진다

대화를 하다 보면, 종종 상대방의 말에 공감이 되면서도 시원하게 해결책을 말해 줄 수 없는 경우가 있다. 이러한 상황에서 자신이 꼭 무슨 말이라도 해야 한다는 부담감을 가지면, 오히려 불필요한 이야기를 하게 된다. 이럴 때는 상대의 말에 충분히 공감하면서 조용히 이야기를 들어주는 것만으로도 큰 도움이 될 수 있다. 그리고 상대방은 자신의 이야기를 하면서 자연스럽게 문제에 대한 답을 찾거나 마음의 위로를 받을 수 있다. 그런데 상사들의 경우 부하직원의 말에 무조건 피드백을 해야 한다는 부담감 때문에 하지 않아도 될 말을 해서 실수를 범하는 경우가 있다. 명쾌하게 해결할 수 없거나 도움을 줄 수 없는 상황이라면, 진심으로 상대방의 상황을 이해한다는 표정으로 공감을 표현하면 된다. 그것만으로도 상대방은 충분히 공감에 대해 보상이 될 것이다.

공감한다는 것은 상대의 말이나 행동에 동의한다는 뜻이 아니다

공감은 상대의 생각을 전적으로 들어주는 것이다. 그런데 이것은 그 사람의 말을 모두 인정하고 동의한다는 의미는 아니다. 상대방의 생각이 나의 생각과 같을 수 없고, 때로 나와는 정반대의 생각일 수도 있기 때문이다. 공감이라는 것은 그럼에도 불구하고 그 모든 것을 감안하고 그냥 상대의 말을 들어주고 그 사람의 입장을 충분히 헤아려주는 것이다. 이것은 개인이 어떤 생각을 가지고 의사결정을 내리는 것과는 별개의 문제이다. 공감에 있어서 나의 생각은 중요하지 않으며, 나의 인정 또한 아무런 의미가 없다. 그저 온전히 상대의 마음을 이해하는 것, 수용하는 것만으로도 충분히 공감이 될 수 있다.

공감을 방해하는 10가지 장애물

마샬 로젠버그는 아래와 같이 공감을 방해하는 10가지 장애물을 제시하였다. 아마 우리가 흔히 공감이라고 생각하고 있는 말과 행동이 사실은 그렇지 않다는 사실에 적지 않게 놀랄 것이다. 그만큼 사람들이 공감에 대해 잘 모르거나 그것을 제대로 인식하지 못하고 있다는 증거일 것이다. 구체적인 사례를 들어 마샬 로젠버그가 말하는 공감의 장애물에 대해 설명하겠다.

충고, 조언, 교육하기

"그 직급 때는 다들 한 번씩 그런 생각을 하기 마련이지."

"그런 문제라면 내가 추천하는 책을 보면 도움이 많이 될 거야."

부하직원의 어려움을 들은 상사가 '그 직급 때는 다 비슷한 고민을 해'라고 치부하는 것은 제대로 공감하는 것이 아니다. 부하직원은 진짜 힘들고 어려워서 도움을 구하고 있는데, '나도 다 겪은 일인데, 조금만 버티면 그런 고민을 안 하게 될 거야'라고 말하는 것은 그다지 도움이 되지 않는 조언이자 충고일 뿐이다. 그보다는 이미 그 상황을 다 겪어본 상사로서 어떻게 힘든 시간을 이겨내고 극복할 수 있는지에 대한 구체적인 해결책을 함께 고민해 주는 것이 공감이다.

'그 직급 때는 다 그래', '나 때는 더 심했어', '우리 신입 때는 정말 최악이었어'라는 말은 듣는 사람에게 꼰대의 말과 같을 뿐이다.

분석, 진단, 설명하기

"그런 생각을 자주 하는 걸 보니, 우울증 초기인 것 같아."

"네 성격이 내성적이라 그런 것 같은데."

"조직에 적응을 잘 못하는 건 너무 자기 생각만 해서 그래."

오랜만에 만난 친구가 회사에 대한 고민을 털어놓는다. 상사와의 갈등에 대한 고민인데, 직장인이라면 누구나 겪는 어려움이라는 생각이 든다. 그래서 친구에게 "네가 일을 자꾸 어려운 쪽으로만 생각하는 것 같은데, 혹시 우울증 초기 아니니?", "네 성격이 그래서 상사와 안 맞는 거야"라고 한다면, 이것은 결코 공감이 아니다. 그저 나의 기준으로 친구를 판단하는 것이다. 혹여 친구의 상황이 이해되지 않더라도, 친구의 아픔과 고통을 충분히 이해하려고 노력하는 것이 공감에 있어서 가장 필요한 자세이다.

공존과 상생을 위한 하모니 리더십

바로잡기

"낙오자라니, 무슨 소리야? 네가 해놓은 게 얼마나 많은데 그런 말을 해!"

"그건 네가 잘못 생각하고 있는 거야."

회사생활에 잘 적응하지 못하는 동기가 찾아와서 후배들에게 밀리는 것 같다고 고민을 털어놨는데 "무슨 소리니? 네가 더 뛰어나! 잘될 수 있어"와 같은 식으로 바로잡는 것은 그다지 위로가 되지 않는다. 어렵게 고민을 털어놓은 사람에게 동기부여하거나 위로하면, 오히려 해결이 더 어려워질 수도 있다.

위로하기

"어머, 너 정말 힘들겠다. 옆에서 보는 사람이 이렇게 속상한데, 넌 더 그렇겠네."

"이게 다 세상이 험악해서 그런 거야. 네 탓이 아니야."

힘들어하는 사람들의 이야기를 들어주다 보면 위로가 필요한 상황이 있다. 같이 마음이 상하기도 하고 대신 화를 내주고 싶은 심정이 들 때도 있다. 그래서 어떻게 도와줄까 생각하다가 건네게 되는 것이 위로의 말이다. 그렇게 위로를 하면 그나마 마음의 평안이라도 되찾을까 싶어서 이야기를 하는 것이다. 그러나 이런 말도 진정한 공감은 아니다. 결국 말로만 위로를 할 뿐이지 해결되는 것은 전혀 없다. 이럴 때는 위로의 마음을 담아 조용히 표정과 감정으로 공감해주는 것이 더 효과적일 수 있다.

내 이야기 들려주기, 맞장구치기

"나도 그랬어. 너도 나랑 똑같구나."

"너도 그래? 나도 요즘 되는 일이 전혀 없어서 어디론가 멀리 떠나고 싶다니까."

우리가 흔히 리액션이라고 하는 맞장구치기는 어떤 효과가 있을까? 친구의 말에 리액션을 열심히 하면 공감해주는 것처럼 보일 수도 있지만, 결국 이것도 하나의 행위에 불과하다. 대화가 끝났을 때, 친구는 그저 신나게 웃은 기억밖에 없을 것이다. 상대방에게 필요한 것은 그 상황에서 어떻게 그것을 올바로 인식하고 제대로 벗어날 수 있을지를 진지하게 고민해 주는 것이다.

감정의 흐름을 끊거나 전환시키기

"그렇게 축 쳐져 있지 마. 힘을 내서 이 상황을 헤쳐 나가 보자."

"세상에 너보다 더 힘든 사람이 얼마나 많은데, 이 정도 일 가지고 좌절하고 그러니?"

이것은 다른 사람과 비교하면서 동기를 부여하는 것이다. 상대가 처한 상황보다 훨씬 더 어려운 사람들의 이야기를 하며 동기부여를 하는 것이 도움이 될 수도 있으나 상대는 지금 그 상태 자체가 너무 힘든 것이다. 다른 사람과 비교하고 싶은 마음도 없고, 자신의 위상을 돌아볼 여유도 없다. 단순히 이 순간이 너무 싫고 힘들어서 다른 사람과 비교하며 감정의 흐름을 중지시키는 것은 금물이다.

동정, 애처로워하기

"어쩜, 일이 그렇게 됐을까? 정말 안타깝다."

"큰일이네. 이제 어떻게 하면 좋겠니?"

누군가에게 어려운 일이 생겼을 때, 사람들이 가장 쉽게 하는 것이 동정이다. 곤경에 처한 상대를 걱정하면서 한껏 동정을 한다. 그러나 아무리 동정한다 한들 변하는 것은 전혀 없다. 동기가 지방으로 발령이 나서 걱정하고 있는데 "어쩜 일이 이렇게 꼬이니? 정말 안 됐다"라고 하면, 상대에게 전혀 도움이 되지 않을 뿐 아니라 기분이 상할 수도 있다. 오히려 현실을 직시하고, 그 상황에서 어떻게 하는 것이 좋을지 같이 고민해 주고 해결책을 찾는 것이 진정한 공감이다.

조사하기, 심문하기

"언제부터 그렇게 생각했던 거야?"

"그 사이 무슨 일이 있었던 거야?"

이야기를 듣다 보면 궁금한 것이 생겨서 자기도 모르게 질문을 하며 문제의 근원을 파헤치기 시작한다. 마치 범인을 취조하는 경찰처럼 꼬치꼬치 캐묻는 것이다. 그런 질문이 때로 도움이 될 수도 있지만, 오히려 상대에게 상처가 될 수도 있다. 따라서 상대가 불편해하는 것 같으면, 심문하는 듯한 질문은 삼가는 것이 좋다.

평가, 빈정대기

"그렇게 나약해서 이 험한 세상을 어떻게 살아가려고 그러니?"

"내 말 안 듣더니, 이제 와서 후회해봤자 무슨 소용이야?"

이야기를 듣다 보면, 친구가 너무 나약해 보일 수 있다. '나는 안 그런데, 이 친구는 왜 그럴까?'라는 생각이 들기도 한다. 그래서 자기도 모르게 평가를 하게 된다. "너 같은 애들은 조직생활을 하기 힘들어. 시키면 시키는 대로 해야지, 네가 뭐라고 팀장한테 그런 말을 하냐?"라며 지적하는 것이다. 종종 전체적인 맥락이나 내면의 어려움을 파악하지 못하고 표면적인 것만 보고 평가하거나 빈정대는 경우가 많다. "네가 배가 불러서 그래" "네가 너무 곱게 자라서 이런 어려움을 극복하지 못하는 거야"와 같은 식으로, 현재 상황과 상관없는 내용을 가지고 이야기하는 바람직한 공감이 아니다.

한 방에 딱 자르기

"됐어. 시끄러우니 이제 그만 좀 해."

"그만 이야기하고 술이나 한 잔 하러 가자."

공존과 상생을 위한 하모니 리더십

이야기를 듣다 보니 해결될 기미도 안 보이고, 별로 재미도 없고 듣기 싫으니 한 방에 말을 자르는 상황이다. "됐어. 그만하구 밥이나 먹자", "한 잔 하자"와 같은 식으로 고민도 안 된다고 판단하는 것은 내 기준에 따른 생각이다. 상대방을 고려하지 않고 내 기준대로 판단해서 한 방에 말을 자르는 것은 상대에게 상처를 줄 수 있다. 아무리 받아들이기 힘든 이야기라도 우선 끝까지 이야기를 귀 담아 들어주는 것이 진정한 공감이다.

제대로 공감하는 5가지 방법

상대방의 말에 제대로 공감한다는 것은 잘 듣는 것과 관계가 있다. 그래서 공감적 경청이라고 말하는 것이다. 대화를 할 때는 제대로 공감할 수 있는 분위기를 조성하여 여유를 가지고 무조건 들어줘야 한다. 대화를 끊지 않고 상대방의 말을 있는 그대로 끝까지 들으며 내 방식대로 판단하지 않는 것이다. 전적으로 상대에게 집중할 때, 공감은 극대화된다.

우선 무조건 듣는다

공감한다는 것은 무조건 입을 다물고 상대의 말을 귀담아 들어주는 경청이다. 오감을 최대한 활용하여 이야기에 집중하여 듣는 것이다. 이때 상대의 말을 판단하지 않고, 조용히 듣기만 한다.

중간에 말을 끊지 않는다

이야기를 듣다 보면, 하고 싶은 말이 생긴다. 꼭 하고 싶은 말이 떠오르고, 반드시 해야겠다는 확신이 들기도 한다. 그래도 상대의 이야기가 끝날 때까지 일단 참아야 한다. 우선 끝까지 듣는 것이 중요하다. 아무리 답답해도, 하고 싶은 말이 있어도 참고 끝까지 들어야 한다. 그럼에도 불구하고 중간에 꼭 이야기를 해야겠다는 생각이 들면, 상대방에게 양해를 구한다. "이야기를 중간에 끊어서 미안한데, 내가 잠깐 딱 한 마디만 해도 될까?"라고 묻는 것이다. 상대가 동의하면 자신이 하고 싶은 이야기를 하되, 동의하지 않으면 계속해서 이야기를 들어줘야 한다. 그것이 공감이다.

상대방의 말을 내 마음대로 판단하지 않는다

이야기를 듣다 보면 '이 사람이 이래서 그렇게 하는구나', '이런 스타일이라 저런 식으로 생각하는구나'라고 자신의 기준에 따라 단정할 수 있다. 자신의 틀에 맞춰서 어느새 상대방을 판단하고 있는 것이다. 그리고 이야기를 다 들었을 때쯤에는 이미 모든 결론을 내린 상태다. 이것은 절대 공감이 아니다. 상대방이 어떤 스타일인지 알고 있더라도, 이야기를 듣고 있는 순간만큼은 절대로 경솔하게 판단해서는 안 된다. 그저 처음 만난 사람처럼, 아무것도 모르는 것처럼 상대방을 순수하게 보고 판단하지 않는 마음으로 대화해야 한다.

상대방의 말에 적극적으로 반응하고 리액션을 한다

말하는 사람의 표정을 보면서 오감으로 그 사람이 어떤 상태인지를 파악해야 한다. 이야기를 얼마나 열심히 듣고 있는지를 눈으로 보여주고 상대방에게 집중하면서 페이싱, 미러링, 백트레킹과 같은 라포 스킬을 활용하는 것도 좋다. 그러면 상대방은 진심으로 '내 말에 공감하고 있구나'라고 느끼게 된다.

편안한 분위기를 계속 유지한다

대화를 한다는 것은 최대한 편안한 분위기를 만드는 것이다. 누구든 불편하고 어색한 상황에서는 자신의 마음을 드러내지 않는다. 그러므로 이야기를 나누는 공간이나 환경이 매우 중요하다. 상대방이 편안함을 느껴 어떤 이야기를 해도 전혀 문제가 없다는 느낌을 갖게 해야 한다. 이를 위해 중간에 적절한 격려와 긍정적인 피드백을 해주는 것도 좋다.

리더의
인격과 역량

리더의 지혜는 조직의 발전에 기여한다

CEO는 남의 아이디어를 빌려 쓰되, 자신의 날카로움은 숨겨 두었다가 적절한 때에 드러내야 한다. 경험이 많은 능력 있는 리더는 솜 속에 바늘을 감춘 듯 자신의 소신을 지키면서도 부드럽게 행동해야 한다.

1920년대에 미국에서 금주법이 실시되자 아먼드 해머는 이를 피해 돈을 벌 방법을 고민했다. 대부분의 주류가 판매 금지되었지만, 진저에일 맥주는 여전히 판매가 가능하여 많은 사람들의 사랑을 받았다. 아먼드 해머는 서둘러 진저에일의 주요 원료인 생강을 인도와 나이지리아 등지에서 수입하여 큰 이득을 취했다.

이후 대선 승리를 눈앞에 둔 프랭클린 루스벨트가 금주법 폐기를 주장하자, 해머는 발 빠르게 움직였다. 금주법이 풀리는 즉시 술에 대한 수요가 급증할 것으로 예상한 그는 술통의 재료인 목재를 대량으로 구입하여 술통 사업을 시작하였다. 예상대로 금주령이 해제되자마자 주류 판매량은 수직 상승하였고, 선견지명으로 남들보다 한 발 앞서 사업을 구상하고 실행한 아먼드 해머는 큰 부자가 되었다.

"남의 지혜를 빌리지 않고 자신의 재능도 아끼지 않는다면 미혹할 것이다"라는 노자의 말을 경영에 적용하면, CEO는 지혜롭게 자신의 역할을 판단하여 조직의 발전을 주도해야 한다는 의미로 해석할 수 있다.

뉴욕 주 엔디코트에 위치한 IBM 교육센터 입구에는 '교육은 끝이 없다'는 글귀가 돌판에 새겨져 있다. IBM의 창업자 토머스 왓슨은 임원들에게 일과 중 40-50퍼센트를 후임 교육과 훈련에 할애하도록 지시하였다. 임원들은 그의 지시대로 이 원칙을 계속해서 지키고 있다. 만약 마케팅 책임자가 1년 동안 훈련받은 뒤 업무에 필요한 교육이나 훈련을 전혀 받지 않는다면 뒤처질 수밖에 없다.

통계에 따르면, 경험이 많은 IBM의 마케팅 담당자들은 매년 15일 이상을 강의실에서 배우고 특수 업종에 관한 교육과 회의를 위해 사용한다. 본사에서는 별도의 필독서를 지정하지는 않지만, 업무에 필요한 연구 자료를 지사나 자회사에 충분하게 공급한다. IBM의 영업 사원들은 매주 기획안을 작성하고 평균 10종의 신제품을 개발하기 때문에 많은 정보를 필요로 한다. 따라서 새로운 정보를 활용하여 영업하기 위해 업무 시간의 15퍼센트를 교육과 훈련에 할애해야 한다.

한편 관리직에 대한 훈련도 영업 사원 못지않게 중요하게 여기는

IBM은 사내의 톱클래스 엘리트 직원을 관리직으로 선발한다. 하지만 아무리 스펙이 좋은 직원들이라도 회사에서 필수 코스로 정한 교육 프로그램을 이수해야만 한다.

이처럼 직원 교육에 투자를 아끼지 않는 IBM의 1년 교육 예산은 6억 달러에 달한다. 직원들의 능력이 회사의 미래를 좌우하므로 거액의 투자가 필수적이라는 것이 창업자 토머스 왓슨과 임원들의 공통된 생각이다.

기업의 인력 수준을 높이는 것은 미래를 위해 밝은 등을 켜는 것과 같으므로, 경영자는 직원 교육과 훈련에 투자할 수밖에 없다. 그런데 직원들의 자질 향상은 회사의 발전과 속도를 잘 맞춰 균형을 이루어야 한다. 만약 회사는 발전을 거듭하는데 직원들의 의식이 정체된다면, 결국에는 환경의 변화를 따라가지 못해 뒤처지고 만다.

'지혜'는 회사의 정책을 결정하는 경영자가 반드시 갖춰야 할 덕목이다. 중국 전국 시대에 '상업의 조상'으로 불린 백규는 '지(지혜), 용(용기), 인(자애심), 강(굳셈)'을 상인이 갖춰야 할 자질로 들었다. 이중에서도 가장 중요한 덕목이 바로 '지혜'로, 눈과 귀가 밝아 판단을 바르게 할 수 있어야 한다.

진정성은 상대를 움직이는 힘이다

지혜는 자신을 잘 아는 것이고, 밝음은 명료한 의식을 말한다. 지혜는 외부세계의 영향으로 후천적으로 갖춰지는 현상에 대한 이해와 인식으로, 제한적이고 주관적이다. 이에 반해, 세계의 본질에 대한 인식을 의미하는 밝음은 한계가 없으며 객관적이다. 참된 앎은 반드시 도에서 구해야 하며, 자신을 아는 사람이야말로 진정 깨달음을 얻은 사람이라고 할 수 있다.

사업에서 필요한 최고의 담보는 바로 자기 자신이다. 어디를 가든 성의와 열정을 인정받는다면, 무한한 신뢰를 얻을 수 있기 때문이다.

플라스틱 공장을 차린 리자청은 공장을 연 지 얼마 안 돼 사업 확장을 위해 홍콩에서 가장 실력이 좋은 기술자를 거액을 주고 스카우트하여 부지런히 신제품을 개발했다. 하지만 자금과 설비의 한계로 생산 규모를 확장할 수 없는 어려움에 처했다. 이미 비슷한 위기를 경험한 리자청은 실패에 대한 두려움에 밀려드는 주문을 다 받을 수 없었다.

리자청은 자금을 구하기 위해 은행 대출을 알아보았다. 하지만 은행에서 대출받을 수 있는 돈은 유동자금으로 충당할 수 있는 수준이었다. 사업을 시작한 지 얼마 안 된 작은 회사의 오너인 리자청이 은행에 맡길 담보는 거의 없었다.

자금 문제로 깊은 고민에 빠진 리자청에게 생각지 못한 기회가 찾아왔다. 그의 회사에서 제작한 플라스틱 조화 샘플을 본 유럽의 한 바이어가 큰 관심을 보인 것이다. 홍콩으로 즉시 찾아온 바이어는 리자청 회사의 제품이 이탈리아 시장에서 유통되고 있는 플라스틱 조화보다 품질이 훨씬 좋고 가격도 저렴하다며 공장을 가겠다고 하였다. 공장을 견학한 그는 소규모의 공장에서 세계적인 품질의 플라스틱 조화를 만들고 있다는 사실에 크게 놀랐다.

그는 리자청에게 자신의 생각을 솔직하게 말했다. "나는 예전부터 홍콩에서 만든 플라스틱 조화에 관심이 있었습니다. 여기서 제작된 플라스틱 조화는 품질이 우수하면서도 가격은 유럽의 절반 수준에 불과합니다. 이것을 대량으로 수입하고 싶은데, 현재의 생산 규모로는 우리가 원하는 만큼 공급하기 어려울 것 같습니다. 내가 당신의 제품을 신뢰하고 있으니 먼저 거래를 시작해도 될 것 같습니다. 단, 자금력이 있는 회사나 개인의 보증이 필요합니다."

이 바이어는 유럽과 북미, 즉 플라스틱 조화가 가장 많이 거래되는 시장에 대한 판매망을 가지고 있었다. 이 거래가 성사되기만 하면 앞으로 회사가 탄탄대로를 걷게 될 것이라 확신한 리자청은 이 기회를 놓치고 싶지 않았다.

그러나 현실적으로 자신을 믿고 보증을 서 줄 사람이 없었다. 기반과 자본력이 없는 리자청은 이번 기회가 난공불락의 도전처럼 느껴졌지만, 그렇다고 포기할 수는 없었다. 그는 자신이 할 수 있는 모든 노력을 기울여 계약을 성사시키겠다고 결심했다.

바이어가 본국으로 돌아가는 날, 리자청은 그가 묵고 있는 호텔을 찾아갔다. 이른 아침의 호텔 커피숍은 한가하고 조용했다. 리자청은 아무 말 없이 가방에서 플라스틱 샘플 아홉 개를 꺼내어 바이어 앞에 놓았다. 샘플은 꽃, 과일, 나무를 각각 세 개씩 만든 것이었다. 리자청은 조용히 바이어의 표정을 살폈다. 그는 유럽 시장에 진출하기를 간절히 바라지만, 보증인을 구하지 못해 바이어가 주문할 가능성은 거의 없었다. 하지만 리자청은 마지막까지 최선을 다하겠다는 마음으로 디자이너와 밤샘 작업을 해서 새로운 샘플을 만들어 왔다. 이 샘플로 바이어의 마음을 살 수 있으면 좋고, 그렇지 않으면 선물로 주고 다음 기회를 기다릴 생각이었다.

기회는 자주 오지 않지만, 일단 기회를 포착하면 쉽게 포기하지 말아야 한다는 것이 리자청의 신념이었다. 리자청은 긴장된 마음으로 사업의 성패를 좌우할 바이어의 얼굴을 주시했다. 그런데 바이어는 한참 동안이나 샘플을 보기만 할 뿐 아무 말도 하지 않았다. 다만 정교하게 제작된 보라색 포도 샘플에 완전히 매료된 듯했다. 이 모습을 본 리자청은 계약이 성사되리라 직감했다.

밤을 새워 작업하느라 빨갛게 충혈된 리자청의 눈을 본 바이어는 그의 성실함과 끈기에 감동하였다. 하룻밤 사이 아홉 개의 샘플을 훌륭하게 만들어 온 것도 경이로웠다. 더욱이 샘플을 세 개만 제작해 달라고 했는데, 무려 아홉 개나 만들어 온 정성과 기민함에 감동하지 않을 수 없었다. 드디어 바이어가 입을 열었다. "이 샘플들은 지금까지 본 플라스틱 조화 중 제일 아름답습니다. 도저히 흠잡을 데가 없습니다. 그럼 이제 본격적으로 이야기를 해봅시다."

계약이 성사되려면 회사나 개인의 신용담보서가 필요했지만, 리자청은 필요한 서류를 준비하지 못했다. 리자청은 바이어에게 솔직하게 자신의 사정을 털어놓았다. "샘플을 마음에 들어 하시니 저와 디자이너의 정성과 노력이 헛되지 않은 듯해서 기쁩니다. 저희는 사장님과 비즈니스를 하고 싶은 마음이 간절합니다. 그런데 아직 담보를 서 줄 보증인을 구하지 못했습니다. 정말 죄송합니다." 바이어는 그러한 말을 예상했다는 듯한 표정을 짓더니 별다른 반응을 보이지 않았다.

그러자 리자청은 자신감과 결기를 담아 이렇게 말했다. "담보는 없지만, 대신 저의 성실성과 능력을 믿어 주십시오. 저는 빈손으로 시작해서 사업을 내실 있게 운영하고 있고, 신용도 많이 쌓았습니다. 바닥에서 시작해서 성실하게 일한 결과, 친구와 지인들의 도움으로 여기까지 왔다는 사실을 알아주셨으면 합니다. 저희 공장에 와보셨으니, 관리 상황과 품질을 직접 확인하셨을 것입니다. 그러니 저를 믿고 파트너가 되어주셔서 장기적으로 협력하는 관계가 되었으면 합니다. 물론 저희 회사의 생산 규모가 턱없이 부족한 상황이지만, 앞으로 생산 규모를 최대한 확장해 보겠습니다. 가격은 홍콩에서 가장 저렴하게 책정하겠습니다. 저는 눈앞의 이익보다는 거래 업체들과 협력하며 장기적으로 사업하는 것을 중시하고 원칙으로 삼아 지키고 있습니다."

진심에서 우러난 리자청의 말에 바이어의 마음이 움직였다. "당신의 소신과 원칙을 지지하고, 당신의 제안에 동의합니다. 내가 여기에 온 것은 믿고 거래할 파트너를 찾기 위해서입니다. 당신이 담보 때문에 힘들어하고 있다는 것을 잘 압니다. 이제 그 문제는 더 이상 걱정하지 않아도 됩니다. 나는 당신이 제일 믿음직한 보증인이라고 생각합니다. 당신의 진심과 성실함이 최고의 담보가 될 것입니다."

두 사람은 서로에 대한 신뢰를 확인하고 환하게 웃었다. 자신의 성실함과 실력을 담보 삼아 성사된 계약은 리자청의 성공에 중요한 발판이 되었다. 때로는 자신에 대한 확신과 진실함이 리더에게 가장 중요한 자산이 될 수 있다.

정확한 분별력을 길러라

진실한 말은 듣기에 불편하고, 듣기 좋은 말은 진실하지 못하다. 즉묵 현의 대부를 만난 제나라 위왕은 다음과 같이 말했다. "공이 즉묵 현에 부임한 후 좋지 않은 평가가 많았다. 그런데 사람을 보내어 확인해보니 황무지를 일구어 경작지를 늘리고, 백성의 생활이 넉넉해지며, 억울한 송사를 원만하게 해결하는 등 선정을 폈다는 보고를 받았다. 이렇듯 일을 잘 처리했음에도 비방을 당한 것은 공이 나의 측근들에게 뇌물을 주지 않았기 때문임을 알게 되었다." 위왕은 정직하고 성실하게 현을 다스린 즉묵 대부를 칭찬하고 상으로 봉토 1만호를 하사하였다.

이어서 동아 대부를 부른 위왕은 이렇게 말했다. "공이 태수가 된 후 나는 줄곧 공에 대한 칭찬을 들었다. 그런데 사람을 보내어 동아 지역을 두루 살펴보게 하니 백성은 제대로 먹지도 못하고, 논과 밭은 아무것도 심을 수 없는 황무지가 되었다고 하였다. 또한 조나라가 견성을 침략했을 때 아무런 지원도 하지 않았고, 위나라가 설릉을 공격했을 때는 그 사실을 전혀 몰랐다. 그럼에도 불구하고 공은 조정 신하들에 뇌물을 주어 나에게 거짓으로 칭찬하게 만들었다." 위왕은 동아 대부를 크게 꾸짖고 귀양을 보냈다.

도가에서는 '마음을 비우고 배를 채우라'고 한다. 헛된 것을 구하지 않고 실속을 챙기는 것은 경영에도 적용되는 진리이다. 말만 잘하고 필요한 능력이 없는 사람에게는 무거운 책임을 맡겨서는 안 된다.

우리는 살면서 수많은 광고를 접한다. 텔레비전과 인터넷, 라디오 등 온갖 미디어와 거리 곳곳이 광고로 가득하다. 광고가 경제 발전에 큰 영향을 끼치는 것은 사실이지만, 그것을 얼마나 믿을 수 있을지 장담할 수 없다.

최근 중국에서 돈세탁, 마약 판매와 함께 심각한 범죄 중 하나인 기업 사기가 기승을 부리고 있다. 상상을 초월하는 수법들로 인해 속수무책으로 당하는 피해자들이 늘어나는 가운데 정부에서도 적극적으로 대책을 찾고 있다.

요즘 큰 인기를 얻고 있는 프랜차이즈와 특허 경영은 특허권이 있는 기업이 가맹점을 개설하여 브랜드와 판매망을 확장하는 방법으로, 창업을 원하는 투자자들에게 매력적인 창업 수단이 되었다. 그런데 바로 이런 점을 노리고 가맹점 가입을 도와준다며 접근하여 투자금만 받고 사라지는 식의 사기가 횡행하고 있다.

베이징의 한 화장품회사는 미국과의 제휴로 얼굴의 상처 복원 특허기술을 취득했다며 대대적으로 광고하였다. 이 회사는 투자자가 1년에 최소한 30만 위안, 많으면 100만 위안까지 수익을 얻을 수 있다고 강조하였다. 그러나 특허기술로 만든 화장품은 아무런 효과가 없었고, 오히려 부작용으로 붉은 반점과 가려움증 등으로 소비자들이 피해를 입었다. 결국 제휴했다는 미국의 회사도 없었고, 특허권도 투자자를 끌어들이기 위한 거짓말임이 밝혀졌다.

개인의 지식과 사고능력에는 한계가 있고, 아무리 두뇌가 명석한 사람도 때로 잘못된 판단과 오해로 실수할 수 있다. 그러므로 과실을 미연에 방지하기 위해서는 '진실한 말은 듣기에 불편하고, 듣기 좋은 말은 진실하지 못하다'는 사실을 잊지 말아야 한다.

관용의 정신이 창의성을 높인다

마쓰시타 고노스케는 고객의 높은 기대치를 만족시킬 때 직원의 자질과 수준이 높아지기 때문에 까다로운 고객에게 감사해야 한다고 하였다. 고객의 불만은 기업에 대한 경고와 같으므로, 성의를 다해 불만 사항을 해결하면 좋은 기회로 이어질 수 있다.

오랫동안 회장으로서 성실하게 일한 마쓰시타 고노스케는 고객들로부터 많은 편지를 받았다. 한번은 한 대학교수로부터 학교에서 구매한 마쓰시타 제품에 문제가 생겼다는 편지를 받았다. 마쓰시타는 즉시 그 대학에 관련 직원을 보내어 문제를 처리하게 하였다. 교수는 처음에는 제품 고장에 대한 불만을 표했지만, 직원이 정중하게 사과를 하고 고장 난 제품을 고쳐주자 이에 감동하여 다른 대학에 제품을 소개해 주는 호의를 베풀었다. 이와 같이 정성을 다해 고객의 불만을 해결해 주면 생각지 못한 기회로 이어질 수도 있다.

적극적인 사고방식은 분명 긍정적인 결과를 가져온다. 미국의 한 조사에 의하면, 기분이 상했음에도 불만을 드러내지 않은 고객이 매장을 찾을 가능성은 약 30퍼센트다. 한편 불만을 말하고 난 후 만족할 만한 결과를 얻지 못한 고객이 다시 매장을 방문하는 경우는 40퍼센트다. 비록 문제가 해결되지 않더라도 불만을 표현하는 고객은 그래도 자신의 불쾌함을 털어놓았기 때문에 말을 하지 않은 경우보다는 마음속의 앙금이 적어 매장을 찾는 비율이 높은 것이다. 여기서 한 가지 주목할 만한 사실은, 회사가 성의 있게 불만 사항을 해결하면 불만을 가졌던 고객이 다시 매장을 방문하는 비율이 무려 90퍼센트에 달한다는 것이다.

조사에서 알 수 있듯이 기업은 무엇보다 고객이 불만을 갖지 않도록 최선을 다해야 한다. 만일 문제가 생겼을 때는 최대한 모든 방법을 동원하여 문제를 빠르게 처리해야 고객의 만족도를 높일 수 있다. 그러므로 고객이 숨김없이 불만을 표하게 하면 기업은 자체적으로 문제점을 해결할 수 있고, 이를 계기로 고객의 충성도도 높일 수 있다.

다음에 소개하는 사건은 개혁 실패에 대한 관용적인 태도를 잘 보여 준다. IBM의 한 고위급 임원이 회사의 혁신 사업을 진행하다가 큰 실수를 범해 1,000만 달러의 손실이 발생하였다. 이 일로 다수의 사람들이 그를 해고해야 한다고 주장했지만, 회장은 한 번의 실수는 개혁 정신에 뒤따르는 일이라며 해직을 반대했다. 회장이 그 임원에게 관용을 베푼 것은 그의 능력과 진취적인 성향을 높이 평가했기 때문이다.

회장의 신임으로 해고의 위기를 넘긴 임원은 재기하여 중요 직책을 거치며 회사에 큰 이익을 안겨주었다. 후일 회사에 큰 손실을 안긴 임원을 왜 해고하지 않았냐는 질문에 회장은 "만약 그를 그대로 해고했다면, 회사는 1,000만 달러의 학비를 그냥 잃게 되었을 것이다. 하지만 실수 뒤에 그가 분발하여 그에게 투자한 돈을 허비하지 않게 되었다"라고 대답했다.

타임워너 그룹의 스티브 로스 회장은 생전에 "우리 회사에서 실수하지 않는 사람은 해고될 것이다"라며 직원들의 실수가 발전 과정에 필수적이라고 하였다. 실리콘밸리의 벤처 사업가들은 "실패는 허락할 수 있으나 혁신하지 않는 것은 용납할 수 없다," "모험을 즐기는 사람에게는 상을 주고, 모험을 하다 실패한 사람에게는 벌을 주지 않는다" 등과 같은 가치관을 추구한다. 이런 분위기에 대해 누군가 '실패를 두려워하지 않는 정신이야말로 실리콘밸리의 최고의 장점'이라고 평가하였다.

혁신을 시도하다 실패한 사람에게 관용을 베푸는 것은 이제 누구나 인정하는 혁신의 중요한 정신이 되었다.

신용은 성공과 이윤을 키우는 밑거름이다

마쓰시타 고노스케는 생전에 "마쓰시타는 먼저 사람을 만들고,

그 다음에 제품을 생산한다"는 말로 사람의 중요성을 강조하였다. 마쓰시타 전기는 인재를 아끼는 것으로 잘 알려졌는데, 특히 직원들의 심리적 안정과 성취감을 위해 독특한 조직 문화를 만들었다. 마쓰시타 고노스케는 소통이 서로 마음을 헤아리고 감정을 나누는 것이라는 전제 아래 CEO가 직원 입장에서 생각하고, 그들의 마음을 얻기 위해 힘써야 한다고 강조했다. 소통과 이해를 중시하는 문화가 조성될 때, 구성원들이 최선을 다해 업무에 임하고, 기업이 발전하고 성장할 수 있는 것이다.

중국의 전통 상인인 진상(晉商: 산시 출신의 상인을 지칭)들은 책을 통해 얻은 지식으로 부를 얻기 어렵다는 것을 잘 알고 있었다. 상업 활동에 필요한 지식과 지혜는 무한한 반면, 책을 통해 얻을 수 있는 치부와 관련된 지식은 터무니없이 부족하기 때문이다. 그래서 진상들은 자녀들이 책상에 앉아 지식을 쌓기보다 장사를 통해 실력을 키우는 것을 더 중시하였다. 그들은 자녀들이 기본적인 학습을 마친 뒤 바로 상업 전선에 뛰어들어 실전 지식과 경험을 쌓게 하였다.

이러한 교육의 결과, 진상의 자제들은 벼슬보다는 상업을 택하여 세상을 두루 다니며 몸으로 직접 현실 세계를 경험했다. 그들은 전통적으로 선배들을 모델로 삼아 시장이라는 큰 배움터에서 수십 년간 훈련을 받은 뒤에 후계자의 자리를 물려받았다. 진상이 겸비해야 할 가장 중요한 덕목은 성실함이었다. 충성심이라고도 할 수 있는 성실함은 자신의 말 한마디, 사소한 약속도 철저히 지키며 의리를 잃지 않는 것이다. 이렇게 성실함을 인정받고 신임을 얻어야 성공과 이윤도 얻을 수 있기 때문이다.

1900년, 의화단 사건으로 열강 8개국 군대가 베이징을 장악하자 성안의 왕족과 귀족은 모두 서태후와 광서 황제를 따라 시안으로 도피하였다. 워낙 다급한 상황이라 금은보석과 귀중품을 제대로 챙기지도 못한 채 산시 표호(산시 상인들이 운영하던 개인 금융기관)의 어음만 들고 서둘러 피신한 이들은 시안에서 어음을 은냥으로 바꿀 생각이었다.

전란으로 산시 표호는 엄청난 피해를 입었다. 베이징의 표호가 보유하고 있던 은을 빼앗기고 장부까지 불타 없어졌기 때문이다. 장부가 불타 없어진 진상들은 그동안의 거래 내역을 알 수 없었다. 거래했던 왕족과 귀족들에게 저축한 은의 양을 확인하여 다시 장부를 적으면 손해를 줄일 수 있었지만, 일승창을 비롯한 산시의 표호들은 그렇게 하지 않았다. 피난한 사람들이 표호가 약탈당한 사정을 뻔히 알기 때문에 양해를 구해도 되지만, 신용을 지키기 위해 어음을 내놓는 고객들에게 액수와 상관없이 모두 동일하게 은냥으로 교환해 준 것이다.

혼란스러운 가운데 진위를 가릴 수 없는 어음을 받으면 큰 손해를 볼 수 있었지만, 일승창 표호는 주요 고객인 왕족과 귀족, 부자들을 잃어선 안 된다고 생각하였다. 나라의 환난이 언젠가는 끝이 날 것이기 때문에 정치적·경제적으로 막강한 힘을 가진 고객들을 잃지 않아야 후일을 도모할 수 있다고 판단한 것이다. 위기 상황에서 일승창을 비롯한 산시 표호들이 보여준 이러한 행동은 감탄을 불러일으키기에 충분했다. 훗날을 기약하기 힘든 상황에서 신용을 지킨다는 것이 결코 쉽지 않다는 것을 알기 때문이다.

일승창의 판단은 틀리지 않았다. 의화단 사건이 정리된 후 표호의 지점들이 베이징에서 다시 영업을 시작하자 일반 시민들이 경쟁적으로 예금을 했고, 조정에서도 보유하고 있는 거액의 은을 맡겼다.

신용은 사람들이 서로 지켜야 하는 약속이자 인격을 반영하는 증표다. 사회적으로 신용이 반드시 지켜야 하는 규약으로 자리 잡을 때, 경제적 기반이 탄탄해져 경제가 더욱 발전할 수 있다.

기회는 그것을 알아보는 자에게만 주어진다

19세기 중반, 미국 캘리포니아에서 금광이 발견되었다는 소문이 퍼져나가자 수많은 사람들이 천재일우의 기회를 잡기 위해 무섭게 몰려들었다. 17세의 어린 농부 아멜도 일확천금을 꿈꾸며 온갖 고생 끝에 캘리포니아에 도착했다.

당시 금을 캐어 부자가 되겠다는 꿈을 꾸는 사람들은 많았지만, 실제로 금을 찾은 사람은 그다지 많지 않았다. 금을 캐는 것도 힘들었지만, 캘리포니아의 건조한 기후로 인해 물이 부족해 숨지는 사람이 속출했다. 아멜도 대부분의 사람들과 마찬가지로 금을 발견하지도 못한 채 물을 구하지 못해 목숨을 잃게 될 위기에 놓였다.

어느 날 물통을 꺼내 간신히 목만 축이던 그가 불평을 늘어놓는 주위 사람들을 보던 중 갑자기 기발한 아이디어가 떠올랐다. 금을 캐서 부자가 되기는 어려워도, 물을 팔면 돈을 쉽게 벌 수 있을 것 같다는 생각이 든 것이다. 금맥을 찾겠다는 꿈을 과감하게 포기한 그는 금광 발굴에 사용하는 공구들을 물을 파는 공구로 개조해서 강물을 끌어들여 모래를 걸러 내어 식수로 만들었다. 그리고 그것을 병에 담아 금광을 찾으러 다니는 사람들에게 팔았다.

처음에는 물을 파는 아멜을 비웃는 사람들이 적지 않았다. "온갖 고생 끝에 캘리포니아에 와서 금을 캐서 큰돈을 벌 생각은 하지 않고 물이나 팔 생각을 하다니 참 어리석은 사람이야." 하지만 아멜은 사람들의 비웃음에도 아랑곳하지 않고 계속 물을 팔았다. 아무리 생각해도 비용이 거의 들지 않는 물장사야말로 실속 있는 사업이었다. 결과적으로 금을 캐서 부자가 되겠다고 큰소리치던 사람들은 거의 빈손으로 돌아갔지만, 아멜은 단기간에 거액에 해당하는 수천 달러를 벌었다.

사업 능력이 뛰어난 사람은 어떤 상황에서도 돈을 벌 기회를 놓치지 않는다. 부에 대한 남다른 감각과 실행능력이 있기 때문이다. 이에 비해 사업적 감각이 없는 사람들은 돈을 벌 기회가 주어져도 제대로 살리지 못한 채 흘려버린다.

똑같이 열심히 일을 해도 얻게 되는 수익은 서로 다르고, 성실함으로 성공한 사람들 사이에도 성취의 크기는 서로 다르다. 겉으로 보기에는 그다지 부지런한 것 같지 않은데도 부를 축적하는 사람들이 있다. 이러한 차이들로 인해 사회적으로 여러 가지 변화가 발생한다. 사회적 변화를 가져오는 주요 요소 중 하나가 바로 기회다. 누군가 '기회는 하느님의 다른 이름이다'라고 하였다. 일정 기간 동안 다양한 요소가 어우러져 좋은 여건이 만들어질 때, 누군가는 자신의 능력과 자원을 투자하여 쉽게 큰 성공을 거둔다. 이처럼 좋은 여건을 기회라고 할 수 있는데, 사업적 감각이 남다른 사람들은 이런 기회를 잘 활용하여 부를 축적한다.

이익을 얻기 위해서는 투자를 해야 한다. 마찬가지로 기회를 잡기 위해서는 시간, 돈, 안정적인 삶, 즐거움 등을 양보해야 한다. 이렇듯 희생을 감수하면서 완벽하게 준비된 자만이 기회가 주어졌을 때 놓치지 않고 잡을 수 있는 것이다.

많은 사람들이 부자가 되기 위해서는 행운이 따라야 한다고 생각한다. 그러나 행운과 기회를 구분해야 한다. 행운과 기회를 잘 가려서 움직여야 불필요한 시행착오를 줄이고 손해를 피할 수 있다.

행운은 우연성과 의외성이 높다. 아무 생각 없이 산 복권이 당첨되어 1,000달러를 벌게 된 것은 행운이라고 할 수 있다. 페니실린은 알렉산더 플레밍이 포도상구균을 배양하다가 곰팡이균에서 우연히 발견한 것이다. 곰팡이균은 '초대받지 않은 손님'과 같이 뜻하지 않게 얻게 된 것이다.

복권 당첨과 페니실린 발견에는 큰 차이가 있다. 전자는 전적으로 의외성에 의한 운으로 기회의 요소가 전혀 없지만, 후자에는 운과 기회의 요소가 모두 포함되어 있다. 플레밍은 포도상구균을 배양하다가 뜻하지 않게 곰팡이균을 배양했는데, 처음에는 이것을 몰랐다. 그러다가 꾸준하게 연구를 계속하던 중 페니실린을 발견하여 인류에 지대한 공헌을 하고 큰 명성을 얻었다. 이것이 바로 기회다.

복권 당첨은 100퍼센트 의외의 일이다. 당첨된 사람이 부자가 된다는 것 외에 복권 자체는 어떠한 가치도 창조하지 못한다. 또한 미래에 좋은 여건이나 환경을 조성하지 못하기 때문에 기회의 범주에 포함시킬 수도 없다.

플레밍이 곰팡이균을 발견했을 때의 반응은 두 가지로 추측할 수 있다. 첫째, 곰팡이균 때문에 포도상구균 연구를 망쳤다고 짜증을 내며 그냥 지나친다. 둘째, 생각지 못한 상황에 대해 호기심을 가지고 연구한다. 플레밍이 만약 첫 번째 반응을 보였다면, 페니실린을 발견한 사람은 그가 아닌 다른 사람이 되었을 것이다. 그러나 플레밍에게는 기회를 잡는 능력과 행운이 따랐기 때문에 의학사에 한 획을 긋는 성과를 거뒀다.

미국의 한 엔지니어가 논리학자 친구와 이집트로 여행을 갔다. 여행 첫날, 혼자 거리로 구경을 나간 엔지니어는 우연히 검은색 고양이 인형을 발견했다. 노부인이 팔기 위해 내놓은 고양이 인형의 정가는 500달러였다. 노부인은 고양이 인형이 조상 대대로 전해져 온 것인데, 손자가 병이 나서 치료비를 마련하기 위해 어쩔 수 없이 급하게 팔게 되었다고 했다. 고양이 인형을 들어 본 엔지니어는 무게가 상당한 것으로 보아 그것이 쇠로 만들어진 것이라고 생각했다. 그런데 자세히 살펴보니 고양이의 눈이 진주였다. 엔지니어는 흥정 끝에 인형 눈에 박힌 진주 두 알을 300달러에 샀다.

호텔로 돌아온 엔지니어는 친구에게 300달러를 주고 큰 진주를 샀다고 자랑하였다. 진주를 본 논리학자는 그것이 적어도 1,000달러는 될 것 같다고 하며 진주를 어떻게 싸게 살 수 있었는지 물었다. 엔지니어가 진주를 사게 된 상황을 설명하자, 논리학자는 고양이 인형을 파는 노부인이 아직 그 자리에 있는지 물었다. 엔지니어는 고양이 인형을 팔기 위해 같은 자리에서 손님을 기다리고 있을 것이라고 하였다. 그 말을 들은 논리학자는 서둘러 노부인에게 가서 200달러를 주고 검은 고양이 인형을 사왔다. 엔지니어는 눈도 없는 고양이 인형을 200달러나 주고 샀다며 놀렸지만, 논리학자 친구는 조용히 작은 칼로 고양이 인형의 몸을 긁었다. 그러자 놀랍게도 검은 칠이 벗겨지면서 금이 보였다. 논리학자는 이렇게 외쳤다. "역시, 내 짐작대로 이 인형은 금으로 만든 거였어!"

원래 금으로 고양이 인형을 만든 주인이 도둑의 눈을 피하기 위해 몸을 검은색으로 칠한 것인데, 후손에게 전해 내려오면서 그 사실이 감춰져 노부인이 싸게 팔게 된 것이다. 엔지니어가 순금을 갖게 될 기회를 놓쳤다며 아쉬워하자 논리학자가 말했다. "인형 눈을 진주로 만들면서 몸통을 저렴한 철로 만들었겠어? 이건 조금만 유추하면 알 수 있는 아주 단순한 논리야."

이 이야기를 통해 알 수 있는 사실은 경제에 영향을 끼치는 모든 논리나 이성적인 요소들을 무시할 수 없다는 것이다. 그렇다고 이성이나 논리만 맹신하고 비이성적이거나 논리에 맞지 않는 기적을 완전히 무시한다면, 단 돈 1달러에 고급 리무진을 얻을 기회를 놓칠 수도 있다.

어느 날 미국의 한 신문에 '호화 리무진을 1달러에 팝니다'라는 광고가 게재되었다. 광고를 본 할리는 '오늘이 만우절도 아닌데, 과연 이 광고를 믿어도 될까' 하고 반신반의하며 1달러를 들고 광고를 낸 사람의 집을 찾아갔다.

할리를 맞은 사람은 품위 있고 부티가 나는 젊은 부인이었다. 그 부인은 할리를 데리고 차고로 가서 신형 리무진을 보여주었다. 할리는 리무진에 어떤 문제가 있어서 싸게 파는 것이라고 생각했다. 하지만 시승을 해보니 차에는 전혀 문제가 없었다. 혹시 장물은 아닌지 의심을 하는 할리의 마음을 알아차린 듯 부인은 이번에는 자동차 등록증을 보여 주었다. 1달러를 주고 차를 구입한 할리는 차에 시동을 걸고 출발하려다 이렇게 물었다. "이렇게 좋은 차를 왜 1달러에 파시는 거죠?"

젊은 부인은 씁쓸한 표정으로 한숨을 쉬더니 이렇게 말했다. "솔직히 말씀드리면, 이 차는 죽은 남편이 남긴 거예요. 남편은 모든 재산을 나에게 남겨 주었지만, 이 차는 남편의 애인에게 남겼어요. 그런데 남편은 저에게 이 차를 팔아서 받은 돈을 자기 애인에게 주라고 유서를 남겼어요. 그래서 고민 끝에 1달러에 팔기로 한 거예요. 죽은 남편의 애인에게 주는 거니 1달러면 충분하겠죠."

리무진을 운전해서 귀가하던 할리는 중간에 친구 톰을 만났다. 할리가 1달러를 주고 리무진을 사게 된 사연을 듣던 톰은 후회 가득한 얼굴로 "저런! 나도 1주일 전에 그 광고를 봤는데!"라고 외쳤다.

이 이야기는 우리에게 기적을 믿어야 기적을 경험할 수 있음을 알려준다. 기적을 믿지 않는 사람에게는 절대로 기적이 일어나지 않을 것이다.

우리는 부를 창출하는 과정에서 기회와 운을 잘 구분해야 한다. 그런데 이것보다 더 중요한 것은 일상 속에 우연처럼 주어지는 기회를 알아보는 안목과 식견을 갖는 것이다. 기회를 놓치지 않고 붙잡을 때, 부를 창출하여 키울 수 있기 때문이다.

리더의 도량이 조직의 분위기를 좌우한다

하루는 육군성 장관 워 스탠톤이 링컨 대통령을 찾아와 한 소장이 자신을 공개적으로 모욕했다며 하소연하였다. 스탠톤의 말을 조용히 듣던 링컨 대통령은 그 소장에게 신랄하게 편지를 써서 보내라고 조언하였다. 대통령이 자신을 두둔하자 신이 난 스탠톤은 편지를 쓴 다음 링컨 대통령에게 읽어 주었다. 링컨은 "잘 썼네. 할 말을 빠짐없이 다 했군. 소장이 편지를 보면, 정말 놀라겠소!"라며 스탠톤을 칭찬했다.

스탠톤이 편지를 봉투에 넣는 순간, 링컨은 그것을 보내지 말라고 하였다. "어리석게 행동하지 말게. 이 편지는 절대로 보내면 안 되네. 그냥 태워 버리게. 나는 화가 났을 때 쓴 편지는 다 태워 버린다네. 아마 편지를 쓰는 동안 화가 다 풀렸을 걸세. 기분이 훨씬 좋아졌지 않나? 그럼 이 편지는 태워 버리고 편지를 다시 쓰게."

중국 역사에도 링컨처럼 도량이 큰 인물들이 많았다. '재상은 뱃 속에 배(船)를 품을 수 있어야 한다'는 말은 한 사람의 도량이 얼마든지 커질 수 있다는 의미로 해석할 수 있다.

사람은 감정의 동물이라 어떤 일에 대해 감정을 배제한 채 전적으로 객관적이고 이성적일 수만은 없다. 최고경영자도 마찬가지이다. 우리는 조직 안에서 자신의 감정을 적절한 선에서 표출할 수 있지만, 감정을 지나치게 솔직하게 표현하거나 자신의 감정을 남에게 강요해서는 안 된다. 호불호가 너무 분명하거나 일과 관계에 대해 감정적으로 대하면 인간관계가 깨지고, 심하면 사방에 적을 만들게 된다.

관리자는 감정을 다스리는 법을 배워서 적절한 선에서 표현해야 한다. 일반적으로 자신의 느낌이나 감정을 수용할 수 있으면, 행동의 원인을 파악할 수 있어서 추후의 행동에 대해 방향을 잘 잡을 수 있다. 특히 분노나 좌절과 같은 부정적인 감정은 자신은 물론이고 다른 사람에게 상처를 입힐 수 있기 때문에 잘 다스려야 한다. 또한 자신을 과대평가하고 상대를 깎아내리는 실수를 범하지 않도록 주의해야 한다.

기업의 관리자들은 일정한 권력을 지니고 있기 때문에, 인격적으로 성숙하지 못한 사람들은 이것을 잘못 사용하여 아랫사람에게 상처를 줄 수 있다. 시비를 차분하게 가리지 않거나 직원들의 실수에 감정적으로 반응하거나 화를 내는 경우가 그러하다.

자신의 감정을 거르지 않고 있는 그대로 나타내는 상급자는 스스로 절제하고 상대 입장에서 생각하는 훈련이 필요하다. 이것이 쉽지는 않지만, 자신이 먼저 노력하고 변화되면 상대도 선의를 가지고 대하게 된다.

솔직히 말해서 화를 내거나 분노를 표출하는 것은 매우 어리석은 행동이다. '분노는 상대가 저지른 실수에 대해 자신을 벌하는 미련한 행동이다'라는 말이 있다. 이것이 다소 지나친 표현처럼 느껴질 수도 있지만, 조용히 새겨들을 만한 지혜가 담겨 있는 말이다. 상급자로서 부하나 상대에게 관용을 베풀고 갈등을 피하는 지혜와 인격을 갖춘다면, 불필요한 충돌을 방지하고 주위 사람들로부터 존경을 받으며 좋은 이미지를 만드는 데 큰 도움이 된다.

당나라 시대의 유명한 승려인 한산의 시에는 선(禪)의 지혜와 오묘한 이치가 담겨 있어 깊은 여운을 남긴다. 그의 작품 중 '누군가 나를 욕할 때, 진정한 나를 알 수 있다. 대꾸를 하지 않지만 오히려 나에게 유익함이 있구나'라는 구절이 있는데, 이 시는 세상을 사는 지혜와 기지를 알려준다. 어떤 상황에도 평정심을 지키고 분노하지 않는 자세는 높은 정신세계를 잘 보여 준다.

솔선수범은 어둠을 밝히는 등대다

경영 환경이 빠르게 변화를 거듭하면서 기업의 미래는 누구도 예측할 수 없게 되었다. 곤경에 처했을 때 리더가 앞장서서 흔들림 없이 난관을 돌파해 나가면, 아랫사람들도 용감하게 위기와 맞서 싸운다. 최고경영자가 솔선수범하며 위기를 헤쳐 나갈 때, 직원들은 그를 진심으로 존경하게 된다.

우리의 본성은 위기를 앞에서 숨김없이 그대로 드러난다. 평소에 자신만만해하며 큰소리를 치던 사람이 어려움에 처하자 그동안 감추었던 결점을 고스란히 드러내 주위 사람들을 놀라게 하기도 한다. 만약 상사가 결정적인 순간에 갈피를 못 잡고 헤매면, 부하는 크게 실망하여 그의 말을 잘 듣지 않게 된다.

대부분의 직원들이 생각하는 이상적인 상사는 위기의 순간에 과감하게 결정을 내리고, 신속하게 대처하는 사람이다. 이런 능력을 갖춘 상사는 막강한 리더십으로 조직을 이끈다.

미국의 3대 자동차 회사 중 하나인 크라이슬러는 70억 달러의 자산을 보유했지만, 1970년대 이후 사세가 기울면서 적자의 규모가 커졌다. 결국 1979년에는 적자가 11억 달러, 채무가 48억 달러가 되었다.

크라이슬러는 심각한 경영난을 해결하기 위해 포드 자동차에서 불만을 품고 퇴사한 아이아코카를 스카우트했다. 회장에 취임한 아이아코카는 인재들을 채용하여 혁신에 돌입했다. 그는 직원들과 고락을 같이하며 그들의 마음을 얻었다. '경영자가 모범을 보여야 한다'는 신념으로 재정 문제를 개선하기 위해 자신의 연봉을 50퍼센트 삭감하고, 노조에게 "1시간에 20달러를 요구하면 회사는 경영난에 처할 수밖에 없다. 시급 17달러를 받아들이지 않으면, 회사는 파산을 면할 수 없다"고 선포했다.

아이아코카의 제안에 직원들도 희생을 감수하기로 하여 1979년 단체협약에서는 향후 3년간 2억 300만 달러의 임금을 삭감하는 회사의 의견을 받아들였고, 또 1981년에는 1억 5,600만 달러의 임금 삭감안을 수용하였다. 이 소식이 전해지면서 크라이슬러는 폭넓은 지지와 격려를 받았다.

1982년 말, 아이아코카의 지혜로운 경영에 덕에 크라이슬러는 다시 흑자를 내기 시작했다. 다음 해에는 9억 2,500만 달러라는 역사상 최고의 수익을 얻었고, 1984년에는 23억 8,000만 달러의 순이익과 함께 자산이 90억 6,000만 달러가 되었다. 1985년에 크라이슬러는 세계 자동차 회사 5위로 부상하는 쾌거를 거두었다.

이처럼 위기의 순간에 리더가 솔선수범하여 변화를 주도하면, 아랫사람들은 힘과 용기를 얻고 분발하여 위기가 도약의 기회가 되기도 한다.

입은 무겁게, 몸은 가볍게

많은 CEO들이 약속의 무게감과 중요성을 가벼이 여겨 쉽게 약속을 한다. 직원들의 기대에 부응하기 위해 서둘러 약속을 하지만, 제대로 지키지 못하는 경우가 많다.

약속은 마치 호르몬처럼 열정이 솟아나게 한다. 상사에게서 업무 결과에 따른 성과급을 약속받은 직원은 기분이 좋아져서 뇌가 빠르게 움직인다. 그러면 약속의 실현 가능성이나 업무에 대한 고민은 뒤로하고 성과급을 받으면 뭘 할지부터 생각하며 상상의 나래를 편다.

지키기 힘든 약속은 소문보다 더 치명적다. 순식간에 퍼지는 소문이 무섭기는 해도, 사람들은 그것의 진위 여부를 금세 알아낸다. 지켜지지 않는 약속으로 인해 사람들은 마음에 큰 상처를 받는다. 아이에게 맛있는 것을 주겠다며 심부름을 시킨 뒤 약속을 지키지 않으면, 그 아이는 어른들의 말을 믿지 못하고 방어적으로 행동하게 된다. 이와 마찬가지로 경영자가 식언을 자주 하고 약속을 잘 지키지 않으면, 직원들로부터 신뢰와 위엄을 잃게 된다.

경영자의 명령이 절대적인 시대는 지나갔지만, 여전히 약속은 무시할 수 없는 무게감을 지닌다. 경영자가 약속을 지킬 의지가 없거나 그것을 가벼이 여기면, 직원들은 크게 실망하여 일할 의욕마저 잃게 된다.

경영자가 성공적으로 조직을 운영하기 위해서는 직원들로부터 신뢰를 얻어야 한다. 직원들이 경영자의 말을 믿지 못하고 의심하게 되면, 그 어떤 지시나 요구에도 성실하게 반응하지 않게 된다. 그리고 이런 상태가 지속되면, 경영자의 권위가 실추되어 실제 경영에 큰 문제가 생길 수도 있다.

직장인들은 CEO의 말에 매우 민감하게 반응한다. 그의 말 한마디에 자신의 미래가 좌우된다고 생각하기 때문이다. CEO가 기분이 좋을 때 가볍게 던진 약속을 제대로 지키지 않으면, 직원들은 의욕을 잃고 만다. 그러므로 CEO는 절대로 경솔하게 약속을 해서는 안 되며, 한 번 약속한 것은 자신이 손해를 보더라도 반드시 지켜야 한다.

옛 성인들은 '군자의 한마디 말은 네 마리 말이 끄는 마차도 따라잡지 못 한다', '말에는 믿음이 있어야 하고, 행동에는 결과가 따라야 한다'고 하며 말의 중요성을 강조했다. 일단 입 밖으로 나온 말을 다시 주워 담을 수 없기 때문에 반드시 지켜야 한다는 뜻이다. 말의 중요성을 인식하고 언행일치를 실천하는 것은 소통의 기본 원칙이라고 할 수 있다.

이익보다 사람이 먼저다

국가를 운영하는 것과 마찬가지로 사업도 기본적으로 사람을 다스리고 키우는 일이다.

명나라 시절, 산서성 포주 지역 출신 상인들은 대부분 서쪽으로는 진농, 동쪽으로 안휘성과 절강성, 남쪽으로는 사천성까지 진출했다. 상인 왕해봉도 이 지역들 중심으로 장사를 했지만, 큰 소득이 없었다. 그는 고민 끝에 동부의 청창에서 장사를 해보기로 하였다.

인간은 이익이 되면 위험이 따르더라도 도전하고, 손해 볼 것 같은 일은 하지 않으려 한다. 예를 들어, 큰돈을 벌 수만 있다면 밤을 새서라도 천릿길을 간다. 물고기를 많이 잡을 수만 있다면, 폭풍을 뚫고라도 몇 백 리 바닷길을 달려간다. 천년 묵은 산삼을 얻을 수만 있다면, 아무리 높고 가파른 산이라도 서슴지 않고 오른다. 왕해봉이 청창으로 간 것도 그곳에서 돈을 벌 수 있을 것이라고 기대했기 때문이다. 그는 더 많은 이익을 얻기 위해 서둘러 청창에 도착해야 한다는 사실을 깨달았다.

그가 청창에 도착할 무렵, 눈이 많이 내리는 바람에 길이 꽁꽁 얼어붙어 통행이 어려워졌다. 큰 항아리들을 실은 마차가 눈길에 빠져 움직일 수 없게 되자, 마차와 항아리의 주인 모두 몇 시간 동안 꼼짝도 못한 채 발이 묶였다. 해가 저물자 뒤이어 오던 마차들까지 발이 묶여 거리는 완전히 마비가 되었다. 추운 날씨에 어떻게든 마차를 움직여 보려고 애쓰던 상인들은 서둘러 객잔으로 돌아가 쉬고 싶었다. 하지만 마차 때문에 발이 묶여 진퇴양란에 빠졌다.

이때 마차를 끌고 청창에 도착한 왕해봉은 무슨 일이 일어났는지 알아보았다. 하인이 앞서 가던 마차가 눈길에 빠져 움직이지 못하고 있다고 하자, 왕해봉은 사고 현장에 가서 마차 주인에게 항아리에 담긴 물건이 모두 얼마인지 물었다. 은 60냥이라고 하자 왕해봉은 화물 주인에게 은 60냥을 준 뒤 마차에 실린 큰 항아리를 절벽 아래로 던져버렸다. 항아리를 버린 덕분에 마차는 다시 움직일 수 있게 되었고, 뒤따라오던 100여 대의 마차도 정상적으로 이동할 수 있게 되었다.

과감한 결단으로 문제를 해결한 왕해봉의 이야기는 순식간에 그 지역 객상들에게 퍼졌다. 비록 60냥의 은을 잃었지만, 그는 사람들로부터 좋은 평판과 신뢰를 얻어 사업을 하는 데 큰 자산이 되었다. 이러한 무형의 자산은 은 60냥을 주고도 살 수 없는 귀중한 것이다. 실제로 그는 그 일로 인해 거부가 되었다.

사업가로서의 능력과 자질이 뛰어난 왕해봉도 자신의 결단이 미래에 어떤 영향을 미칠지 몰랐을 것이다. 하지만 그의 행동은 거상으로서 갖추어야 하는 덕목과 태도가 자연스럽게 드러난 것이었다.

리더의
판단력

리더의 잘못된 판단은 치명적인 결과를 초래한다

기업 경영에서 '도'는 경제 원칙과 규율을 말한다. 어떤 결정이 성공하기 위해서는 상황의 흐름과 추이를 살피면서 그 안에서 규칙을 찾고 정확하게 예측할 수 있어야 한다. 잘못된 결정이나 정책은 100가지 행동으로도 뒤집을 수 없다고 한다. 그만큼 정확한 예측과 결정은 기회를 잡고 부를 선점하는 데 있어서 가장 중요한 요소이다.

예측은 과거와 현재를 기초로 미래를 전망하는 것이고, 결정은 예측을 바탕으로 선택하는 것이다. 따라서 결정에는 예측이 전제된다. 경영자는 날마다 전략을 세우고 정책을 결정한다. 중대한 결정일수록 그만큼 그로 인한 영향력이 크고 미치는 파장도 상당하기 때문에, 손실을 최소화하기 위해서는 시장을 정확하게 파악하고 연구하여 소비자의 생각을 읽어내야 한다. 이를 위해서는 열린 자세로 흐름을 보면서 정책을 세워야 한다.

펩시콜라와 경쟁이 치열했던 코카콜라는 오랜 연구와 고민 끝에 대책을 마련했다. 그것은 바로 다양한 맛의 제품을 만드는 것이었다. 그때까지만 해도 두 가지 종류의 콜라를 판매했던 코카콜라와 펩시콜라는 맛의 차이가 대동소이했다. 이런 이유로 소비자들도 어느 콜라가 더 맛있는지 구분하기 어려웠다.

코카콜라는 콜라의 맛을 다양하게 만들어 차별화를 꾀했다. 코카콜라는 오랜 연구와 개발을 통해 기존에 판매하던 일반 콜라와 다양한 향을 더한 콜라로 나누어 생산했다. 사과맛, 바닐라맛, 체리맛 향을 가미한 제품이 먼저 추가되었고, 거기에서 다시 다이어트용과 일반용 콜라 두 가지로 나누었다. 다이어트 콜라는 결석 및 당뇨병 환자와 단맛을 선호하지 않는 소비자를 위한 것이었다.

코카콜라가 심혈을 기울여 개발한 새로운 콜라들이 판매되기 시작하면서 흥미로운 현상이 나타났다. 판매원은 콜라를 주문하는 손님에게 먼저 "펩시콜라, 코카콜라 중 어느 것을 드릴까요?"라고 묻는다. 손님이 코카콜라라고 답하면 그는 다시 "일반 콜라와 향이 들어간 것 중 어느 것을 드릴까요?"라고 묻는다. 향이 들어간 콜라라고 답하는 손님에게 판매원은 다시 "바닐라, 사과, 체리 맛 중 어느 것을 원하세요?"라고 묻는다. 그러면 계속되는 질문과 대답에 지친 손님은 "그냥 콜라 한 병, 아니 펩시콜라 한 병 주세요"라고 대답한다.

코카콜라는 소비자들이 복잡한 단계를 거치면서까지 특별한 맛의 콜라를 마시고 싶어 하지 않는다는 것을 미처 생각지 못했다. 이로 인해 코카콜라는 엄청난 연구와 노력에도 불구하고 9개월 만에 6,000만 달러의 손실을 입었다. 이것은 잘못된 판단과 결정이 기업에 얼마나 치명적인 결과를 안겨주는지를 보여주는 뼈아픈 사례다.

발전 전략만큼 위기 예방 조치도 중요하다

정보는 기업의 명운을 가르는 중요한 요소이다. 결정적인 정보가 아군의 손에 들어가면 조커가 되지만, 적군의 손에 들어가면 시한폭탄이 될 수도 있다. 경영자의 머릿속, 회사 컴퓨터, 이면지, 심지어 쓰레기통 속에 들어 있는 정보는 언제든 외부로 유출될 수 있다. 밖으로 새어 나간 정보는 회사에 막대한 손해를 끼치거나 도산으로 이어질 수 있다.

기업은 직원들의 자질 향상을 위해 업무에 필요한 훈련을 실시할 뿐 아니라 업계의 규율을 지키도록 교육시켜야 한다. 오늘날 서구의 기업들이 업무상의 기밀 유출을 미연에 방지하고 지킬 수 있는 이유는 법적 장치 외에 다음의 두 가지 때문이다. 첫째, 모든 업종에는 중세의 길드와 같은 협회가 있어 서로 관계를 긴밀하게 유지하고 있다. 둘째, 협회 내에 신용을 중시하는 풍토가 조성되어서 경영자나 기술자가 기밀을 유출하거나 훔치면 해당 업계 전체에서 완전히 퇴출된다. 이상은 기업의 기밀을 쉽게 유출하지 못하도록 저지하는 요소들이다.

정직한 기업은 다른 기업의 기밀을 빼내기 위해 그 회사의 직원을 스카우트하지 않는다. 한 번 회사를 배신한 사람은 얼마든지 또 배신할 수 있기 때문이다. 장기적 관점에서 동종 업계 내에서 신뢰와 질서가 깨지면, 그 업계 전체가 손해를 보게 된다. 기업 입장에서 서로 발전하고 시너지 효과를 기대할 수 있는 가장 좋은 방식은 정당하게 경쟁하는 것이다. 서로에게 손해를 끼치는 부당한 방법이나 경쟁은 결국 기업의 손해로 이어진다.

직원들이 회사에 들어올 때는 비밀 준수 서약을 해야 한다. 특별히 기술 집약적인 기업의 경우, 직원에게 업무상의 비밀을 지킨다는 약속을 받는 것이 좋다. 직원과 회사의 책임과 임무는 입사할 때부터 서면으로 작성해서 서로 공유해야 한다. 그러나 비밀 준수 사항을 문서화하는 중소기업은 그리 많지 않다.

업무상 기밀 엄수 서약을 할 때, 특별히 법적인 문제를 신중하게 다뤄야 한다. 그렇지 않으면 기밀 유출로 문제가 생길 때, 법적인 보호를 받지 못할 수도 있다. 적지 않은 기업들이 기술 관련 인력들이 퇴사한 후 일정 시간 동안 경쟁업체에 입사하지 못하도록 제한한다. 이를 위해 이직할 때 기밀 보호를 위한 협의나 계약을 하는데, 직원 입장에서는 회사의 요구가 개인의 권익을 침해하는 부당한 처사로 느껴질 수도 있다. 특히 경쟁업체로의 이직을 금지하는 것은 노동자의 권리를 침해하는 것이기 때문에 헌법에 위배된다.

경쟁업체로의 이직을 막기 위해서는 회사에서 직원에게 금전적 보상을 해주는 것이 가장 바람직하다. 보상 액수는 최소한 이직 후 다른 회사에서 일정 기간 받을 수 있는 소득과 비슷한 수준이 좋다. 그런데 금전적 보상도 제대로 해주지 않으면서 회사에서 강제적으로 이직 노동자의 취업을 막을 수는 없다. 이 부분에서 이견이 생겨 문제가 발생하면, 회사는 증거나 소명 자료를 제대로 제출해야 법적 책임을 지지 않는다.

회사에서 기술 부문의 관리 시스템을 합리적으로 운용하고, 관련 법적 자료를 꼼꼼하게 준비하면 기밀 유출로 인한 문제를 어렵지 않게 해결할 수 있다.

기밀 관리를 위해서는 무엇보다 관련 직원이 전체 기술을 숙지하지 못하게 하는 것이 중요하다. 중국의 경우, 대부분의 기업이 기술 담당자가 연구 개발 시스템을 관리하도록 맡기는데, 이것은 매우 위험한 일이다. 기술자들에게 연구 개발 프로젝트의 일부를 담당하게 하면, 기밀을 통째로 다른 기업에 넘기는 사고를 미리 예방할 수 있다.

현재 많은 기업들이 기밀 유출 방지를 위한 제도적 장치를 가지고 있지 않다. 최고경영자가 직원들과 모든 정보를 공유하는 경우를 중소기업에서 자주 볼 수 있다. 규모가 작은 기업은 분업의 경계가 불분명하고, 지나치게 개인의 역량에 기대는 경우가 많기 때문이다.

기밀 관리를 위해 기업은 규율을 엄수해야 한다. 최소한 1년에 한 번씩 기밀 유지를 위한 교육과 훈련 시간을 갖는 것이 좋다. 여기에서 가장 중요한 것은 직원들에게 도덕성과 기업의 이념을 분명하게 인식시키는 것이다. 쉽게 말해서 직원이 속한 분야나 회사에서 신용의 중요성을 절감하게 하는 것이다. 이를 위해서 회사의 기밀을 누설하거나 유출할 때 져야 하는 법적 책임이 결코 작지 않으며, 힘들게 쌓은 커리어가 단번에 무너질 수 있음을 분명하게 인식시켜야 한다.

위기관리는 사후가 아니라 사전에

리더는 규모나 업종에 상관없이 위기관리를 잘 해야 한다. 하루가 다르게 급변하는 사회에서 위기관리는 기업을 경영하는 데 있어서 핵심적인 과제가 되었다. 위기와는 거리가 있지만, 다급한 상황에 대처하는 태도에 관한 재미있는 이야기가 있다. 갑자기 폭우가 쏟아지는 저녁 무렵, 우산 없이 서둘러 뛰어가는 사람들 사이에 유독 한 사람만 비를 음미하듯 천천히 걷고 있었다. 옆을 지나가던 사람이 왜 뛰지 않느냐고 묻자, 그는 이렇게 말했다. "뛰어가도 비를 맞지 않나요?"

위기에 처한 경영자들은 대부분 빗길을 천천히 걸어간 사람처럼 소극적이고 부정적인 생각을 한다. '모든 것은 하늘의 뜻'이라는 태도로 기업을 경영한다면, 위기가 찾아올 때 무사히 넘길 수 없을 것이다. 경영자들은 '바람이 불면 풀이 먼저 눕듯이' 늘 깨어서 언제 닥칠지 모르는 위기에 대비하고 상황을 분석하면서 대응 방법을 찾고, 사전에 위기의 가능성을 없애기 위해 노력해야 한다.

위기관리는 안정적인 기업 경영을 위한 보험과도 같아서 갈수록 그 중요성이 커지고 있다. 많은 기업들이 위기에 대비하지 않고 있다가 갑자기 위기가 닥쳐서야 '위기관리'의 중요성을 절감한다. 하지만 이미 '위기'는 현실이 되었고, '관리'는 불가능한 상태에 처했다고 할 수 있다.

미국의 유명한 위기관리 전문가 로렌스 버튼은 위기를 다음과 같이 설명했다. "조직과 그 구성원, 제품, 서비스, 자산, 명성에 큰 손실을 끼칠 수 있는 부정적인 영향력과 불확실성을 지닌 큰 사건이다."

위기에는 다음과 같이 네 가지 특징이 있다. 첫째, 돌발성이다. 위기는 대부분 예상치 못한 순간 찾아와 사람들이 대처할 수 없게 만든다. 둘째, 위협적인 성격을 지니고 있다. 위기는 기업의 목표 달성에 큰 걸림돌이 되며, 나아가 기업의 생존까지 위협한다. 셋째, 긴박성이다. 위기는 기업이 제대로 대처하기 힘들 정도로 긴박성을 가지고 있다. 대처가 늦어질수록 그만큼 손실도 늘어난다. 넷째, 공개적 성격을 지내고 있다. 정보가 빠르게 유통되고 다원화되면서 위기에 처한 사실이 외부에 신속하게 공개되어 작은 실수가 큰 물의를 빚을 수도 있다.

이러한 특성 때문에 위기에 대한 예방과 처리, 적극적인 관리로 손실을 줄이는 것은 경영자가 감당해야 할 중요한 과제다. 프린스턴 대학의 노먼 어거스틴 교수는 위기를 일컬어 '실패를 부르는 근원이자, 성공을 낳을 수도 있는 기반'이라고 하였다. 위기를 발견하고 조정하여 잠재적인 기회를 찾아내는 것이 위기관리의 핵심이다. 반면에 잘못된 상황 판단과 사태의 악화는 위기관리의 취약점이다. 다시 말해서, 위기에 적절히 잘 대처하면 좋은 '계기'가 된다.

관리학의 관점에서 위기는 회피, 준비, 확인 통제, 해결, 이익 창출의 6단계로 나눌 수 있다. 따라서 위기관리의 목표인 '위기를 성공의 기회로 전환'하기 위해서는 체계적인 관리법과 시스템을 구비해야한다.

　서구 국가에서는 위기관리를 '위기 커뮤니케이션 관리'라고 한다. 정보를 투명하게 공개하여 대중에게 양해를 구하고 지지를 얻기 위해 소통하는 것이 위기관리의 근본적인 대책이기 때문이다.

　기업이 발전하려면 대중과 원만한 관계를 유지해야 한다. 그런데 어떤 기업들은 위기에 처하면 본능적으로 문제를 외면하거나 단편적이고 정확하지 않은 정보를 흘리곤 한다. 책임을 회피하는 태도는 기업의 이미지를 손상시키고, 직원들의 의혹을 키워 단합을 방해한다. 반대로, 정보를 투명하게 공개하고 사람들의 이야기를 귀 담아 들으면서 적극적으로 소통하면, 사람들로부터 신뢰를 얻어 문제를 어렵지 않게 풀어나갈 수 있다. 노먼 오거스틴 교수는 경영 과정에서 얼마든지 위기 상황에 직면할 수도 있지만, 그때 직원들에게 솔직하게 상황을 알리면 리스크를 최소화할 수 있다고 강조한다.

　위기를 빠르게 효과적으로 극복하기 위해서는 경영진이 심각성을 정확히 인식하여 해결을 위해 적극적으로 나서야 한다. 외국의 일부 대기업들은 위기관리를 경영의 필수적인 업무로 간주하여 전담 부서를 두어 CEO가 총괄 지휘한다.

　위기관리의 핵심 대책은 위기의 제도화, 소통 강화, 고위 경영자의 적극적인 관여, 이렇게 세 가지로 정리할 수 있다. 위기는 기업에 치명타가 될 수도 있지만, 그것을 계기로 문제점을 파악하고 해결하면 오히려 기업이 성장하는 좋은 기회가 될 수 있음을 다양한 위기

극복 사례들을 통해 확인할 수 있다.

포화 시장일수록 많은 틈새가 존재한다

창사에 위치한 푸리 주식회사의 천즈룽 사장은 '틈새 전문가'로 알려져 있다. 천즈룽의 성공은 "남에게 없는 것을 보유하고, 남도 가지고 있는 것은 더 전문화하며, 모두에게 없는 것은 내가 채운다"라는 말로 정리할 수 있다. 젊은 시절에 작은 식료품점을 운영한 그는 자본도 없고 경쟁에서도 밀려나 몇 차례 실패를 반복했다. 그런 과정에서 그는 '틈새시장'을 공략해야 한다는 사실을 깨달았다.

어느 날 분점에 방문한 그는 장사가 잘 되지 않는 것을 보고 마음이 썩 좋지 않았다. 원인이 무엇인지 살펴보니, 분점에서 100미터도 안 되는 곳에 생긴 백화점에 손님을 빼앗긴 것이었다. 세련된 마케팅을 비롯하여 다양한 백화점의 강점을 파악한 천즈룽은 상대적인 자신만의 '작은 강점'을 살리기로 하였다. 우선 백화점이 오전 9시에 문을 열어 저녁 8시에 영업을 마쳐서 늦게 퇴근하는 사람들은 쇼핑하기 어렵다는 점을 이용해서 분점의 영업시간을 오전 6시에서 10시, 오후 3시에서 새벽 2시로 변경했다. 이렇게 백화점과 영업시간을 차별화하자 일찍 출근하고 늦게 퇴근하는 소비자들이 찾아오기 시작했다.

천즈룽은 매장에서 판매하는 품목뿐 아니라 고객의 기호 변화, 시간차, 특별한 서비스 등 남들이 놓치기 쉬운 부분까지 꼼꼼하게 살펴서 자신만의 전략을 세워 적극적으로 소비자들의 마음을 사로잡았다. 그리고 각 분점의 특성을 잘 살려서 매출을 높이고 신뢰와 명성을 얻었다. 이처럼 틈새를 노리는 전략으로 천즈룽은 치열한 경쟁을 뚫고 마침내 창사에서 유명한 부호가 되었다.

'틈새 전략' 경영의 핵심은 경쟁업체의 빈틈을 공략하여 고객을 확보하고 시장을 확장해 나가는 것이다. 천즈룽은 사람들의 생활 습관에 맞는 서비스를 제공하여 매출을 올리는 동시에 경쟁 업체와의 불필요한 경쟁을 최소화하는 전략을 선택하였다. 생각이 남다른 사람들은 남들이 모르고 지나치거나 놓치기 쉬운 기회를 잡아 잘 활용한다. 그들은 자신의 힘으로 좁은 틈을 뚫고 들어가 새로운 길을 개척해 나간다. 이것이 처음에는 외롭고 힘들지만, 누구도 가보지 않은 새로운 길이기 때문에 경쟁과 방해가 적고, 남들과 차별화된 탁월함을 인정받아 앞서갈 수 있는 것이다.

둥시우는 어릴 때부터 꽃에 관심이 많았다. 둥시우의 고향 마을에서는 거의 모든 집들이 꽃과 나무를 키웠는데, 그녀의 아버지는 특별히 식물을 키우는 데 재주가 있어서 정원을 아름답게 가꿨다. 그런 아버지를 보고 자란 둥시우는 꽃 재배에 관심이 많아 열심히 공부하였다. 또한 일찍부터 나중에 커서 꽃가게를 열겠다는 소박한 꿈을 키웠다.

고등학교 졸업한 뒤 허페이 시의 꽃시장을 둘러본 둥시우는 상점들이 우후죽순처럼 생겨나 경쟁이 매우 치열하다는 사실을 알게 되었다. 제대로 준비하지 않고 가게를 열었다가는 실패를 면하기 어렵다고 생각한 그녀는 분재 식물에 관심을 갖게 되었다. 그러나 그 분야도 전망이 그다지 좋지는 않았다. 사업을 준비할 때 주의해야 할 점은 이미 포화된 시장에 뛰어들어 저가 경쟁을 하는 것이다. 한정된 시장에 비슷비슷한 가게가 많아지면 그만큼 이윤을 기대하기 어려워 큰돈을 벌 수 없기 때문이다.

시장의 현황을 파악한 그녀는 오랜 고민 끝에 재배가 쉽고, 생장 기간이 긴 고급 품종을 알아보기로 하였다. 그러다가 우연히 수경 재배 식물에 관한 글을 보던 중 라카ˡᵃᶜᵃ라는 품종이 그녀의 눈길을 끌었다. 화려한 색깔의 영양액이 들어 있는 투명한 유리병 속의 라카는 매우 아름답고 매력적이었다. 둥시우는 "이게 바로 내가 밤낮으로 찾던 것이야!"라며 환호성을 질렀다.

둥시우는 라카를 재배해서 파는 사업이 성공할 수 있을지 알아보았다. 라카는 흙이 없어도 되고, 냄새도 나쁘지 않으며, 벌레가 생기지도 않고, 생장 과정을 볼 수 있는 등 장점이 많았다. 더구나 보름에 한 번씩 물을 갈아주면 잘 자라서 기르기에도 번거롭지 않은 것이 가장 큰 장점이었다. 바쁜 현대인들에게 편리한 물건은 매우 매력적이어서 이것은 매출로도 연결이 된다. 라카는 크게 신경쓰지 않아도 키우는 재미를 맛볼 수 있는 식물이었는데, 이것이 바로 둥시우가 찾던 것이었다.

당시 한참 유행하던 '게으른 물고기', '게으른 헤어스타일'에서 힌트를 얻은 둥시우는 '게으른 화훼'(관상용 식물)를 콘셉트로 창업하기로 결정했다. 남들이 전혀 생각하지 못한 새로운 사업을 시작하겠다는 희망에 부푼 그녀는 상하이에 가서 수경 재배 전문가를 만났다. 머리가 좋고 열정이 남다른 그녀는 며칠 만에 새로운 기술을 익혔다.

수경 재배 기술로 자신감을 얻은 그녀는 허페이로 돌아와 2주 동안 10여 개 품종을 가지고 실험을 하여 만족할 만한 성과를 거두었다. 그렇게 '게으른 화훼' 사업은 단계를 밟아나가며 구체화되었다.

라카의 무한한 시장성을 확신한 그녀는 허페이의 위펑 꽃시장에 '게으른 화훼' 재배 센터를 오픈하였다. 센터에는 대규모의 모종밭을 구비하였고, 프랜차이즈 방식으로 운영하여 동식물 시장, 슈퍼마켓, 인구 밀도가 높은 지역 등에 분점을 열었다. 또한 단순히 판매만 하는 것이 아니라 인테리어 관련 서비스도 제공하였다.

'게으른 화훼' 재배 센터가 문을 열자마자 사람들이 구름처럼 몰려들었다. 허페이 중심지의 한 카페는 개점 2주년 기념으로 '게으른 화훼'로 테이블을 장식하고, 판매까지 하였다. 카페 사장은 "우리도 예전에는 다른 카페들처럼 카네이션이나 장미로 장식을 했지만, 이제는 뿌리까지 볼 수 있는 자주달개비, 필로덴드론과 같은 식물을 선호해요. 이런 품종은 무언가 독특하면서도 고급스럽게 느껴지니까요"라고 말했다. 시간이 지나면서 호텔들도 '게으른 화훼'로 객실을 장식하였다.

'게으른 화훼' 재배 사업으로 큰 성공을 거둔 둥시우는 대여 사업으로 영역을 넓혔다. 정기적으로 대여 고객을 방문하여 재배 기술을 가르쳐 주어 저렴한 비용으로 식물을 키우는 재미와 기쁨을 느끼게 하기 위해서다.

핵심에 주요 역량을 집중하라

1998년 이베이eBay의 CEO가 된 맥 휘트먼은 취임 5주차에 이틀 연속으로 전략 회의를 열었다. 회의의 주요 안건은 판매 전선 축소와 유저들의 데이터 재검토에 대한 것이었다. 이베이가 유저들의 거래량을 기초로 만들 수 있는 자료는 크게 두 가지이다. 하나는 거래 빈도를 기준으로 하는 것이고, 또 하나는 거래 총액을 기준으로 유저들의 순위를 매기는 것이다. 이 두 가지 자료를 가지고 이베이의 총 매출 80퍼센트를 분석하면, 어느 것에 판매가 집중되는지를 알 수 있다.

이런 식으로 거래 경향을 분석한 맥 휘트먼은 이베이의 20퍼센트 고객이 총판매량의 80퍼센트를 점유한다는 사실을 알게 되었다. 다시 말해, 20퍼센트의 고객이 이베이의 발전과 수익을 좌우한다는 것이다. 이렇듯 회사에 결정적인 영향을 끼치는 20퍼센트 고객의 신분을 추적한 결과, 대부분 콜렉터의 성격이 강한 것으로 나타났다. 이베이는 이들의 구매 성향을 고려하여 광고 방식에 변화를 주었다. 주로 대중매체에 광고하는 온라인 거래 사이트들과 달리 콜렉터들이 많이 보는 〈완구 콜렉터〉, 〈마리 베이스의 베레모 세계〉 등과 같은 잡지에 광고를 한 것이다. 이렇듯 주요 고객층을 겨냥한 광고로 이베이의 매출은 큰 폭으로 상승했다. 판매를 핵심 유저에게 집중하면서 이베이의 마케팅 전략은 새로운 전기를 맞이했다.

2000년 미국 인구의 20퍼센트를 차지하는 부자들이 신형 자동차를 구입하는 비율이 60퍼센트를 차지했다(10년 전에는 40퍼센트였다).

자동차 회사들은 이러한 통계를 토대로 신형 자동차의 디자인에 변화를 주었다. 부자들의 기호에 맞춰 차체를 대형화하고, 고급 가죽 시트와 음향 설비를 갖추는 등 내부 설계에 세심하게 신경을 썼다.

패스트푸드 업계에서도 '핵심 고객'의 수요에 맞는 판매 전략을 고안하여 실행했다. 고객을 분석한 결과, 20퍼센트의 30대 이하의 독신 남성이 전체 매출의 60퍼센트를 차지하는 것으로 나타났다. 이들이 매장을 찾는 횟수는 매월 평균 20회 이상이었다. 그러나 패스트푸드 회사들은 핵심 고객에 중점을 둔다는 사실이 알려지는 것이 오히려 역효과를 낳을 수 있다고 판단하여 마케팅 방식을 바꾸었다. 핵심 고객을 공략하는 광고를 지양하고, 단골 고객으로 클럽을 결성하는 등의 판촉 방식을 버린 것이다. 그러나 핵심 고객의 요구를 충족시키기 위한 노력을 멈추지는 않았다.

예를 들어 KFC는 고객들이 운전을 하며 치킨을 먹을 때 뼈를 발라내는 것을 불편해한다는 점에 착안하여 순살 치킨 햄버거를 개발하였다. 고객 서비스 총괄 책임자는 월 스트리트의 기자에게 "우리의 주요 고객들은 지금 매장이 아닌 다양한 장소에서 순살 치킨 햄버거를 먹고 있을 것"이라고 하였다.

1980년대 이전까지는 대부분의 기업들이 모든 고객이 다 중요하다고 보았다. 그러나 20대 80 법칙이 등장하고, 데이터 수집과 전산화가 빠르게 발전하면서 고객을 '분류'하는 마케팅 방식이 일반화되었다. 어떤 고객을 중점적으로 관리하고 그에 맞는 서비스를 제공하느냐가 성공을 좌우하기 때문이다. 이제 데이터 분석으로 '고객을 선택하는' 작업은 나날이 발전하고 있다. 기업들은 핵심 고객의 데이터를 활용하여 그들에게 좋은 이미지를 얻기 위해 더 많은 자원과 노력을 투자하고 있다. 항공사들은 마일리지가 높은 승객들에게 차별화된 서비스를 제공하여 수익 창출에 도움을 주는 고객들의 충성도를 높이고 있다.

자신의 핵심 역량을 키워라

도가에서는 자신이 가진 것에 만족하고 탐욕을 부리지 말라고 가르친다. 지나치게 많이 소유하지 않고 적당한 선에서 만족할 줄 모르는 사람은 천하를 얻을 수 없고, 나아가 천하를 다스릴 수도 없다.

초나라의 백공승은 반란에 성공한 뒤 국고의 재물을 부하와 백성에게 나눠 주지 않았다. 이에 대해 석을은 불의한 재물을 얻고도 나누지 않고 독식하면 재앙을 면치 못할 것이라고 경고했다. 하지만 백공승은 그 말을 흘려들었다. 얼마 후, 섭공이 초나라의 수도를 점령한 뒤 국고의 재물과 무기고에 있던 무기를 백성에게 나눠 주었다. 재물과 무기를 받은 사람들은 인색하게 굴었던 백공승을 공격하여 사로잡아 죽였다. 백공승은 자기의 이익만 생각하고 그저 움켜쥐려고만 하는 부류였다.

글로벌 경쟁 시대에 기업과 개인이 정해진 시간 안에 할 수 있는 일은 매우 적고, 자신에게 잘 맞으면서 성공할 수 있는 일을 하기는 어렵다. 그러므로 기업들은 전문성과 강점을 키워 경쟁력을 높여야 한다.

기업들이 맹목적으로 새로운 분야에 진출하여 자원을 낭비하거나 단순히 유행을 따라 움직인다면, 보유하고 있는 한정적인 능력을 분산시키는 결과를 초래한다. 어쩌다가 고군분투하여 손실을 만회할 수도 있지만, 에너지와 능력은 제한적이기 때문에 현실과 목표 사이의 차이를 극복하기는 쉽지 않을 것이다. 무모한 경쟁으로 방만한 경영을 하는 실수를 범하지 않으려면 어떻게 해야 할까? 정답은 자신의 핵심 역량을 키우는 것이다.

많은 기업들이 세계로 진출하여 1등이 되겠다는 꿈을 꾼다. 하지만 냉철한 판단력으로 현실을 꿰뚫어 볼 수 있는 기업은 극소수에 불과하다. 안타깝게도 수많은 기업들이 어떤 분야에서 자신들의 잠재력을 발휘하여 성공할 수 있을지 잘 모른다.

부동산 업계의 대표 주자인 완커 그룹은 성공 가도를 달리던 시기에 과감하게 '선단식의 일본 상사 모델'을 벗어나 모든 역량을 주택 분야에 집중시켜 브랜드 효과를 극대화했다. 아이리신은 휴대폰 제조의 핵심 기술만을 중점적으로 발전시키는 전략을 펼치고 있다. 건설기업 위안다 그룹의 장위에 회장은 "체리는 아주 작지만, 호박보다 훨씬 맛있다. 사이즈보다는 강점이 더 중요하다"라고 하며 기업이 규모만 키우기보다는 내실을 다져야 한다고 강조한다.

이들 기업이 단시간에 빠르게 성장할 수 있었던 이유는 자신들이 자신 있는 분야에 모든 역량을 집중했기 때문이다. 남들보다 뛰어난 분야를 잘하는 것은 확실한 경쟁력이 된다.

사고는 깊게, 행동은 빠르게

중국에서 차(茶)를 많이 생산하는 현이 있는데, 전체 차밭의 면적이 총 4.67제곱킬로미터나 되었다. 그런데 차밭마다 다른 품종을 재배하는 데다 관리까지 부실해서 품질이 좋지 않았고, 판로가 제대로 구축되지 않아 1킬로그램당 20위안도 받지 못했다. 이렇게 판매 가격이 낮다 보니, 찻잎을 따는 인부들의 임금도 제대로 지불하지 못해서 농사를 포기하는 농가가 늘기 시작했다.

결국 새로운 정부에서 정체된 차 농사를 발전시키기 위해 적극적으로 지원하기 시작했다. 그러자 이것이 좋은 기회라고 생각한 한 농민이 대규모로 차밭을 경영하는 사람 두 명과 함께 회사를 세웠다. 이 회사는 생산 매뉴얼을 만들어 품질을 철저하게 관리하고, 브랜드를 출시하여 가공한 찻잎을 판매했다. 기업화된 생산과 세련된 판매 전략 덕분에 판매가는 1킬로그램당 20위안에서 300위안 이상으로 상향되어 현재 전체의 1년 매출이 800만 위안을 넘어섰다.

21세기는 네트워크가 매우 중요한 시대다. 미국 스탠포드 대학의 대학원생이었던 세르게이 브린과 래리 페이지는 네트워크에 매료되어 이 분야에 대한 연구에 몰두하였다. 뛰어난 통찰력과 기회를 포착하는 동물적 감각을 지닌 두 사람은 대학 시절부터 거미줄과 같은 네트워크를 만드는 특허기술을 개발하기로 뜻을 모았다.

어느 날 그들은 정보화 사회에서는 부의 흐름을 읽을 줄 아는 사람이 새로운 부호가 될 것이라는 기사를 읽었다. 과거 미국의 3차 산업은 GNP의 67퍼센트를 차지하고, 취업인구는 70퍼센트 이상이었는데, 정보산업에 종사하는 인구는 50퍼센트였다. 상대적으로 1차 산업과 2차 산업의 생산액은 겨우 3퍼센트와 35퍼센트에 불과했다. 다시 말해서, 물적 재화(유형재)를 생산하는 산업이 하향세인 반면, 정보 관련 분야가 핵심 산업으로 부상하게 된 것이다.

세르게이 브린과 래리 페이지는 인터넷의 영향으로 부의 형성과 분배가 재편될 것이라고 예측하였다. 이런 상황에서 인터넷 관련 사업에 뛰어들지 않는다는 것은 자신이 취해야 할 부를 다른 사람들에게 넘기는 것이나 마찬가지라고 생각했다.

인터넷은 전통적인 경제 구조를 깨뜨리고 세계를 하나로 연결하여 한 지역이나 국가의 시장이 더 이상 해당 지역과 국가의 소유가 아니라는 사실을 증명했다. 기존의 틀을 깨는 획기적인 혁신과 아이디어가 출현하면서 글로벌 경제가 새로운 차원으로 나아가게 된 것이다. 브린과 페이지는 이 변화의 흐름에 뛰어들기로 결심했다.

몇 개월 동안 검색 엔진 기술 개발에 집중한 두 사람은 결국 성공을 거두었다. 자신들이 개발한 검색 엔진으로 사람들의 삶에 큰 변화가 일어날 것을 예감한 두 사람은 흥분을 감추지 못했다. 1년 후면 박사 학위를 받을 수 있었지만, 두 사람은 오랜 꿈을 위해 과감히 자퇴를 결정했다.

브린과 페이지는 캘리포니아의 작은 차고에 구글Google사를 차렸다. 창립 당시 직원은 4명뿐이었다. 브린과 페이지가 개발한 기술을 인정해주는 사람이 거의 없는 상황에서 구글은 폐업 위기에 처했다. 하지만 1년 후 미국의 네티즌이 6천 만 명을 돌파하고, 비즈니스 사이트가 300만 개에 이르는 등 인터넷이 급속도로 발전하게 되었다. 정보에 의해 많은 것이 좌우되는 정보화 시대에는 '돈 벼락'이 떨어지는 곳에서 그 벼락을 맞는 사업이 성공을 거두게 된다.

두 사람의 수고는 결국 빛을 보기 시작하여 몇 년 만에 구글에 대한 투자액은 100만 달러에서 2,500만 달러로 급격하게 늘었다. 구글은 www.Google.com을 통해 유저들에게 서비스를 제공했다. 그와 함께 정보를 제공하는 업체들에게 검색 엔진 문제에 대한 해결책을 제시하였다.

이제 구글은 세계 최대이자 최고의 인터넷 검색 서비스 회사가 되었고, 브린과 페이지는 '세상의 모든 정보를 수집하고 편집한다' 는 꿈을 성취하였다.

구글의 성공은 두 젊은이의 빠르고, 정확하고, 예리한 판단과 행동이 있었기에 가능했다. 그들은 빠르게 움직이면서도 신중하게 사고하면서 내공을 쌓는 '정(靜)과 동(動)'의 조화로 새로운 기술들을 개발한 것이다.

공존과 상생을
위한 리더십

공존과 상생에 필요한 하모니 리더십 유형

카리스마형 리더십Charisma Leadership

프랑스의 나폴레옹처럼 호소력이 강하고 선동력이 있는 천재적 리더십을 카리스마형 리더십이라고 한다. 카리스마형 리더십은 조직을 빠르게 장악하여 목표를 향하여 일사불란하게 움직이는 장점이 있으나 조직원들이 리더를 맹목적으로 따를 위험이 있다.

독재자형 리더십Dictator Leadership

독일의 히틀러와 같이 지배자로 군림하는 유형을 독재자형 리더십이라고 한다. 이러한 유형의 리더들은 질문을 받지 않고, 실수를 용납하지 않으며, 중요한 정보를 독점한다. 또한 조직원들에게 권위에 대한 절대적인 복종과 더불어 각자 주어진 업무를 묵묵히 수행할 것을 요구한다.

파워 리더십Power Leadership

미국의 트럼프 대통령처럼 분명한 의지와 강인한 실행력을 가진 탱크주의형 리더들의 리더십을 파워 리더십이라고 한다. 파워 리더십은 결정한 것은 어떤 비판을 받아도 철저하게 실천하고, 역경이나 혼란을 뛰어넘어 목표한 바를 이룬다. 성실과 끈기를 바탕으로 앞장서서 조직을 이끄는 파워 리더십은 말보다는 실천력이 강한 리더십으로, 최고경영자에게 가장 필요한 리더십이다. 파워 리더십을 가진 리더들은 위기에 처할 때 진가를 발휘한다.

슈퍼 리더십Super Leadership

애플의 창립자 스티브 잡스처럼 다른 사람의 조언이나 명령에 무조건 따르기보다는 냉철하고 차가운 두뇌로 판단하여 조직을 이끄는 리더십을 슈퍼 리더십이라고 한다. 주로 해박한 지식을 바탕으로 조직을 운영하는 리더들이 보여주는 리더십이다.

변혁적 리더십Change Leadership

유한킴벌리를 성공적으로 경영한 문국현 회장처럼 현재에 안주하지 않고 조직을 발전시키고 변혁하기 위해 도전하는 리더십을 변혁적 리더십이라 한다. 이러한 유형의 리더들은 조직 전체와 개개인이 유지해 온 이제까지의 업무수행 상태를 뛰어넘기 위해 변화를 가져오게 하는 추진력과 해박한 지식을 갖추고 있으며, 자기 확신이 높고, 조직원들의 존경심과 충성심을 유발한다. 동기부여와 칭찬을 통해 구성원들을 격려하고 자극하여 도움을 주는 변혁적 리더십은 개인이나 집단과 조직에 획기적인 변화가 필요할 때 가장 이상적인 리더십이다.

민주주의형 리더십Democracy Leadership

제도나 규칙의 중요성을 이해하고 이성적 사고를 가진 구성원들의 의견을 존중하는 민주주의형 리더십은 그룹에 필요한 정보를 잘 전달하려고 노력하고, 구성원 모두를 목표방향 설정에 참여시킴으로써 구성원들에게 확신을 심어주기 위해 노력한다.

파트너형 리더십Partner Leadership

조직을 혼자 운영하는 것이 아니라 파트너와 같이 운영하는 것을 파트너형 리더십이라고 한다. 이 과정에서 어느 한쪽이 지배적인 위치 즉 리더의 역할을 맡지만, 서로 상호작용을 하는 가운데 구성원의 리더십도 발휘된다. 이러한 유형의 경우, 구성원 중 리더를 구분하는 것이 애매할 때가 많고, 리더와 구성원의 책임과 권한에 큰 차이가 없다.

서번트 리더십Servant Leadership

테레사 수녀처럼 조력자로서의 역할이 두드러지는 리더십을 서번트 리더십이라고 한다. 이러한 유형의 리더는 조직을 지배하기보다는 끝없는 신뢰와 사랑으로 이끈다. 기존의 리더십이 주로 앞에서 조직을 이끈 반면, 서번트 리더십은 조직 구성원의 일체화와 공감대 형성을 통해 조직의 목표를 성취한다. 조력자로서의 서번트 리더는 기본적으로 방향제시자, 파트너, 지원자의 역할을 하며 구성원들을 리드해 나간다.

브랜드 리더십Brand Leadership

독창적인 아이디어를 가진 리더가 창의력으로 승부하는 리더십을 브랜드 리더십이라고 한다. 이러한 유형의 리더는 아이디어를 모방하되 독창적으로 재창조하여 보다 가치 있는 조직을 만들고, 새로운 길을 여는 것에 높은 가치를 둔다. 남보다 한 발 앞서서 독보적인 경쟁력을 확보하는 것에 관심이 많은 브랜드 리더십은 다소 튄다는 비판을 듣더라도 자기만의 이미지를 구축하는 데 초점을 맞춘다.

비전 리더십Viseon Leadership

영국을 다시 선진국 반열로 올린 마거릿 대처와 같이 눈앞의 이익보다는 조직의 미래를 내다보고 구성원들에게 희망적인 비전을 제시하는 것을 비전 리더십이라고 한다. 이러한 유형의 리더는 공동의 목표를 제시하고 구성원 모두가 동참하도록 독려한다.

임파워링 리더십Empowering Leadership

임파워링 리더십은 조직원에게 권한을 위임하여 주인의식을 심어주는 리더십으로, 제주 지역에서 어려운 이들을 도왔던 김만덕이 좋은 예이다. 임파워링 리더십을 가진 리더는 혼자 모든 일을 도맡기보다 조직원 중 능력 있는 사람이 실력을 발휘할 수 있도록 권한을 위임한다.

공존과 상생의 리더

리더란 조직의 생존과 성장을 가능케 할 구체적인 목표 달성을 위해 조직과 집단을 긍정적인 방향으로 앞장서서 이끌어 가는 사람을 말한다. 공존과 상생을 위한 리더의 성향은 다음과 같다.

협동적 성향

공존과 상생을 위한 리더의 가장 큰 장점을 꼽는다면, 바로 협동적 성향을 들 수 있다. 가부장적 리더십이나 전통적 리더십은 엄격한 위계질서 속에서 경쟁을 부추기고 효율성을 강조한다. 그러나 사회가 민주화되면서 경쟁보다는 협동을 중시하고, 조직 구조는 위계조직이 아닌 수평적인 팀 중심이 되었다. 따라서 권위주의적인 리더십보다는 협동의 리더십이 조직을 운영하는 데 보다 합리적이며, 문제를 해결하는 데도 더욱 효과적인 것으로 나타났다.

민주적 성향

위계적이며 통제적인 관리 시스템이 효과적이었던 산업사회에는 권위적이고 가부장적인 리더십이 이상적이라고 여겼다. 권위적인 리더십 아래서는 별도의 의사결정 과정 없이 리더가 명령하면 즉시 수행하는 상명하달 식으로 조직이 운영되었다.

그에 반해 급격하게 변화하는 현대 사회에서는 창의력과 경험적인 지식이 중시되는 보다 탄력적이고 민주적인 조직 운영이 더욱 효율적이다. 따라서 의사결정 과정을 매우 중요시하기 때문에 구성원의 의견을 충분히 반영하여 객관적으로 평가하는 리더십이 필요하다. 이때 리더에게는 구성원들의 의견을 경청하고 받아들이는 수용 능력이 요구된다.

리더십의 특징 중 하나는 리더의 기능을 한 사람이 감당하는 것이 아니라 조직 구성원 모두가 동등하게 유기적인 관계 속에서 조직의 목표를 이루어 나가는 것이다. 이러한 측면에서 리더십은 민주적 리더십이라고 할 수 있다. 이처럼 리더십은 조직을 통제하기보다 조직원들의 의견을 존중하여 참여율을 높이기 때문에 긍정적인 영향을 끼쳐 더욱 좋은 결과를 기대할 수 있다.

관계적 성향

리더는 타인을 배려하고, 친절하며, 공감능력이 있어야 한다. 또한, 리더는 관계 지향적이거나 정서적 관계를 맺기 때문에 원만한 대인관계에 신경을 많이 쓴다.

이러한 특성에 따라, 관계를 중요시하는 리더는 구성원을 세심하게 배려하고, 친절하게 도와주며, 긍정적인 분위기를 조성하기 위해

10장 공존과 상생을 위한 리더십

노력한다.

감성적 성향

예전에는 리더는 이성적이고 냉철해야 한다는 의견이 지배적이었다. 그러나 통합적 사고, 심미적 관심, 감정이입 능력, 민주적인 사고방식 등이 발달하면ㄴ서 구성원들의 창의적이고 자발적인 참여를 유도하는 조화로운 감성적 리더십을 요구한다. 리더는 외부환경 변화에 빠르게 대처하며, 이와 관련된 정보를 조직원들과 공유한다.

리더에게 꼭 필요한 변화와 혁신

현대 사회에서는 변화하지 않으면 쉽게 도태된다. 신곡 하나로 큰 인기를 얻은 가수들이 새로운 곡을 내지 못하면 금방 사람들의 기억에서 잊혀지는 것을 쉽게 볼 수 있다. 신제품을 사고 돌아서자마자 또 다른 신제품이 시장에 나오는 시대에 살고 있는 우리에게 과거의 영광은 아무 의미가 없다. 어제의 영광은 더 이상 내일로 이어지지 않는다.

그래서 그런지 요즈음 개인, 기업, 국가 모두 변화와 혁신을 강조한다. 국가는 국제사회에서, 개인이나 기업은 사회의 주류가 되기 위해 급격한 변화에 도태되지 않도록 노력해야 하는 시대이기 때문이다.

많은 기업들의 신년 사업계획에도 '변화'는 빠짐없이 등장하는 주제다. 경영자나 지도자들은 조직의 변화를 위해 사무혁신, 조직혁신,

구조조정, 조직문화 개선 등 다양한 관리 프로그램을 매년 도입하여 보다 나은 조직으로 성장할 것을 다짐한다. 그러나 안타깝게도 이것을 제대로 실행한 기업이나 국가는 전 세계적으로 극소수에 불과하다.

변화와 혁신을 강조한 것은 비단 오늘날의 일만은 아니다. 실은 무려 100년 전부터 변화와 혁신이 강조되어 왔다. 슘페터는 자본주의 성장의 원동력이 '창조적 파괴'에 있다고 하였다. 또한 컨베이어 시스템을 도입하여 대량생산으로 자동차의 대중화 시대를 연 헨리 포드는 "변화를 거부하는 사람은 이미 죽은 사람이다", "이 나라에서 우리가 아는 유일한 안정성은 변화뿐이다", "목표를 이루는 데 방해가 된다면 모든 시스템을 뜯어고치고, 모든 방법을 폐기하고, 모든 이론을 던져버려라" 등의 말로 변화와 혁신의 중요성을 강조하였다. 이렇듯 100년 전부터 주장해온 변화와 혁신은 아직 충분하게 이뤄지지 않았거나 시대의 변화에 따라 더욱 필요성이 높아져 강조되고 있는 것이다.

변화와 혁신은 그것을 거부하는 기존 세력에게 많은 저항을 받으며, 대단위 자원과 노력, 오랜 시간을 필요로 한다. 따라서 최고경영자의 전폭적인 참여와 지원은 성공적인 변화와 혁신에 필수적인 전제조건이다. 그러나 최고경영자 한 사람의 힘만으로는 거대한 조직이 변화될 수 없다.

조직 전체의 변화와 혁신을 위해서는 최고 경영자를 비롯하여 조직 구성원 전체의 변화가 필수적이다. 그러나 기존의 조직 구성원을 변화와 혁신에 동참시키는 것은 고정관념을 깨는 것만큼 쉽지 않은 일이다. 그래서 수많은 기업과 국가들이 변화와 혁신을 주도할 인재를 등용하기 위해 힘쓰고 있다. 오래된 조직의 관행을 깨고 변화와 혁신을 주도할 새로운 젊은 일꾼을 찾는 것이다.

벤저민 프랭클린은 원하는 것은 무엇이든 자신의 노력으로 성취할 수 있다고 생각한 사람이다. 이러한 신념으로 그는 인쇄공, 주간지 발행인, 의용병 대장, 시의원, 유명한 작가이자 정치가, 애국자, 저명한 과학자로 미국의 발전에 크게 이바지하였다. 열 살 때 학업을 중단하여 정규교육을 제대로 받지 못한 그는 다양한 분야의 전문적인 지식을 습득하기 위해 쉼 없이 노력하였다.

미국 건국 초기에 워싱턴 장군을 도운 벤저민 프랭클린은 독립선언서를 작성하는 데 기여하였으며, 지도자로서 대통령직을 제외한 국가의 중요 요직을 두루 맡았다. 다양한 경험과 창의성까지 겸비한 덕에 피뢰침, 2촛점 안경, 스토브 이외에도 수많은 발명품을 만들었다. 늘 변화와 혁신을 꿈꾼 그는 영국의 식민지로부터 독립하기 위해 직접 의용병 대장으로 나섰으며, 독립선언서를 작성하게 하였다. 미국이 독립한 후에도 멀티 플레이어로서의 능력을 최대한 발휘하여 국가의 기반을 확립하는 일에 앞장섰다. 미국이 지금처럼 강대한 제국으로 성장하기까지 벤저민 프랭클린의 공헌은 결코 작지 않다. 그는 제대로 교육받지 못했음에도 불구하고 하면 된다는 신념으로 스스로 공부하고 노력하여 자신의 인생을 변화시키고, 나아가 미국의 역사를 바꿔놓았다.

개인, 기업, 국가가 변화와 혁신을 필요로 할수록 변화에 민첩하게 반응하는 새로운 리더를 찾을 것이다. 이들이 사회의 주류가 되면, 변화와 혁신을 이끌 신인류가 될 수 있다. 그래야 개인, 기업, 국가의 미래도 있다.

리더십은 효과적이어야 한다

사람이 보유한 능력은 활용하지 않으면 누구도 알 수 없다. 아무리 뛰어난 능력도 그것이 제대로 발휘되어야 그 진면목을 알 수 있는 법이다. 여성 리더십 또한 제대로 발휘되지 않으면, 그동안의 수고와 노력이 전혀 빛을 발할 수 없을 것이다. 따라서 리더는 자신이 가진 재능을 가지고 좋은 결과를 도출할 수 있어야 한다. 그래야 주변 사람들이 그 사람의 능력을 인정하고 따르기 때문이다.

아무리 능력이 뛰어나도 그것을 제대로 발휘해서 성과를 내지 못하면 능력이 없는 것과 다를 바 없다. 그러므로 사람들에게 인정을 받는 것은 능력을 얼마나 가지고 있느냐가 아니라 얼마나 제대로 발휘해서 결과를 얻느냐에 달려 있다.

결국 개인의 가치를 평가하는 기준은 나이나 학벌, 경력도 아니고, 가지고 있는 능력도 아니다. 그런데 사람들은 성공을 위해 남들보다 뛰어난 학벌과 경력, 능력을 갖기 위해 노력한다. 물론 학력, 경력, 능력이 좋으면 유능하다고 인정받을 수는 있다. 하지만 리더에게는 이러한 요소들 자체보다는 그것을 활용하여 좋은 결과를 만드는 것이 더 중요하다.

천재는 노력하는 사람을 이길 수 없고, 노력하는 사람은 즐기는 사람을 이길 수 없다는 말이 있다. 즉 아무리 많은 능력을 가지고 있다 해도 자신의 능력을 온전히 쏟아내지 않으면, 능력은 부족해도 최선을 다하는 사람을 이길 수 없다는 것이다. 또한 아무리 최선을 다하는 사람도 완전히 몰입하여 즐기는 사람은 이길 수 없다는 것이다.

강인한 리더를 원한다

리더가 갖춰야 할 것 중 빼놓을 수 없는 것이 바로 강인함이다. 리더를 따르는 사람들은 그에게서 안정감을 기대한다. 따라가기만 해도 성공이 보장되는 든든한 리더를 원하는 것이다. 또한 어려움이 찾아올 때, 리더가 막아 주기를 바란다. 조직이 어떠한 어려움과 역경에도 기복 없이 발전하기 위해서는 강인함이 필요하다. 그래서 그런지 리더 하면 카리스마형 리더를 떠올리기 쉽다. 카리스마는 특정 인물의 행동이나 모습을 모방한다고 해서 저절로 생기는 것이 아니라 자기만의 스타일을 구축하고 발전시켜 나갈 때 형성된다. 여기에 부수적으로 요구되는 것은 상대의 심리를 읽을 수 있는 능력이다.

리더는 조직 구성원들의 가려운 곳, 그늘진 곳, 불편한 곳, 갈망하는 바를 파악하여 그것을 해결해 주어야 한다. 또한 사람들을 세심하게 살피고, 공동의 목표를 위해 협조를 이끌어 내야 한다. 자신이 리더라며 잘난 체하거나 권위를 내세워서는 절대로 구성원들의 마음을 얻을 수 없다. 앞서서 모범을 보이고 누구보다 더 수고하고 노력한다는 것을 인정받을 때, 조직원들로부터 존경을 받을 수 있다. 이처럼 개인적인 사소한 욕구를 절제하고 조직원들을 위해 모범을 보이고 앞서서 인도하려면 남들보다 강인해야 한다.

리더의 필수 조건, 트렌드

트렌드는 경영학에서 많이 사용되는 용어로, 소비자들의 소비 추이를 가리킨다. 그러나 이제는 사회의 전 분야에서 미래를 예측하기 위해 트렌드를 분석한다. 여기서 사용되는 트렌드의 의미는 '자신과 사회 발전의 상호관계성을 살피면서 현재 존재하는 것에 의미를 부여하는 것'이라고 할 수 있다. 트렌드는 자신과 미래에 대하여 어느 한쪽으로 치우치지 않고 객관적으로 읽어냄으로써 지식 사회에서 성공을 위한 중요한 가치가 될 것이다.

따라서 트렌드를 읽는다는 것은 '자신의 능력이나 상황을 정확히 인식한 상태에서 미래사회의 변화가 어떻게 진행될지를 예측하고 그에 대한 대책을 세우는 것'을 의미한다. 그러나 정확한 트렌드를 읽을 수 있다고 해서 성공을 장담할 수는 없다. 평범한 사람들은 다가올 트렌드를 이미 안다 해도 그에 맞게 대처하지 않기 때문이다. 이는 개인적인 성격 차이 때문이기도 하지만, 안정적인 현실에 안주하느라 굳이 힘든 도전을 하려 하지 않기 때문이다.

그러나 리더는 늘 다양한 지식을 얻기 위해 노력하는 그야말로 도전이 습관이 된 사람들이다. 따라서 리더는 두려워하지 않고 미래 사회를 예측하며 그에 대처하고 도전한다. 다만 트렌드를 얼마나 정확히 읽느냐에 따라 멀티 플레이어로서의 성공이 좌우된다. 실제로 성공한 사람들을 보면, 자신에 대해서도 정확히 인식할 뿐만 아니라 트렌드 또한 정확하게 분석하고 그에 대처하기 위해 쉬지 않고 도전하는 리더들이 많다. 그중에서 '코코 샤넬'은 트렌드를 잘 읽는 대표적인 리더로 꼽을 수 있다.

코코 샤넬은 프랑스의 의상 디자이너이자 독일의 첩보원으로, 오늘날 세계 최고의 여성 브랜드로 유명한 메종 샤넬을 세운 설립자이다. 그녀의 본명은 가브리엘 샤넬이다. 코코 샤넬은 형편이 어려워 변두리 술집에서 노래 부르던 시절에 사람들이 부르던 애칭이었는데, 그녀는 평생 이 이름을 싫어했다. 그럼에도 살아서도 이 이름으로 세계적인 유명세를 얻고 제품 이름으로 쓰였으며, 죽어서도 이 이름으로 알려진 것이 참으로 아이러니하다.

유흥가에서 가산을 탕진하고 가족까지 버린 아버지 덕에 그녀는 수녀원에서 유년기를 보냈다. 이러한 성장 배경 때문인지 그녀는 성인이 된 후에도 유독 자존심과 독립심이 강하여 평생 남자들에게 도움받기를 꺼려했다.

샤넬은 주로 전통 코르셋을 많이 이용하던 유럽의 여성복이 실용적이지 못하고 쓸모없는 복장을 고수한다고 생각하여 새로운 옷을 만들기 시작했다. 샤넬은 신사복 소재를 여성복에 사용하여 활동하기에 좋고 심플한 디자인의 현대적 여성복 '샤넬 수트'를 새로이 만들어 간단하고 입기 편한 옷을 모토로 하는 디자인 활동을 시작하였다. 이것은 답답한 속옷과 장식이 많은 옷으로부터 여성들을 해방시키는 계기가 되었다. 현대 여성복의 창시자인 그녀는 사람들의 욕구 변화를 예측하여 장식이 생략된 옷의 본체에 브레드나 코드의 테두리를 붙이고, 당시에는 보기 드문 크고 작은 색유리나 크리스탈 글라스 액세서리를 붙이기도 하였다.

여성들이 입기 편하고 활동적이면서도 여성미가 넘치는 샤넬 스타일은 계속되는 유행의 변천 속에서도 여전히 명품으로 인정받으며 전 세계에서 애용되고 있다. 또, 그녀가 만든 향수 샤넬 No.5도 매우 유명하다. 이것은 특별히 마릴린 먼로가 생전에 이것만 입고(뿌리고) 잔다고 해서 더 유명해졌다.

코코 샤넬이 이렇듯 리더로 대단한 성공을 거두게 된 것은 그녀가 끊임없이 변화하는 트렌드를 읽고 열심히 노력했기 때문이다. 그녀는 무엇이든 마음만 먹으면 뜻한 바를 이루고 마는 진정한 리더의 근성을 가지고 있다. 현재의 성공에 안주하지 않고 세상의 트렌드를 정확히 파악하고 그에 대한 철저한 준비로 샤넬은 오늘도 지속적인 성장을 이어가고 있다.

리더는 태어나는 것이 아니라 만들어진다

리더의 능력은 역사의 발전과 더불어 계속 성장하고 있다. 나아가 사회의 급격한 변화 속에서 이것은 더욱 진가를 발휘하는 중요한 항목으로 평가받고 있다. 이를 증명이라도 하듯 오늘날 대부분의 기업에서는 핵심 인재, 즉 조직을 성공적으로 이끌 수 있는 리더를 키우는 것을 기업이 생존경쟁에서 살아남기 위해 절대적으로 필요한 당면과제로 삼고 있다.

이에 따라 대부분의 기업에서는 교육과 훈련을 통해 리더로서의 능력을 키우기 위해 다양한 교육과 훈련을 실행하고 있다. 이렇게 기업에서 직원들의 리더로서의 능력을 키우려는 이유는 간단하다. 리더로서의 능력 개발을 통해 개인이나 기업이 고객이 원하는 상품을 개발하거나 상품의 질을 높여 기업의 이익을 극대화하기 위해서이다.

이처럼 기업들이 직원들의 리더로서의 능력을 키우기 위한 교육과 훈련을 강화하는 이유는 결국 리더는 태어나는 것이 아니라 만들어지는 것이기 때문이다. 따라서 열심히 노력한다면, 누구든 리더가 될 수 있다. 이처럼 리더가 되기 위해 최선을 다한 대표적인 사람 중 하나가 '아웅산 수지'이다.

아웅산 수지 여사는 1945년 6월 19일 미얀마 독립의 주역인 아버지 아웅산과 정부 고위직을 지낸 어머니 킨치 사이에서 태어났다. 영국의 식민지였던 미얀마를 독립시키는 데 결정적 역할을 한 아웅산 장군은 국민적 영웅으로 인정받았다. 그러나 미얀마 독립 2년 만

공존과 상생을 위한 하모니 리더십

에 정적에게 암살당하자 아웅산 수지는 어머니와 함께 고국을 떠나 외국에서 생활했다.

아웅산 수지 는 옥스퍼드 대학에서 철학과 정치학, 경제학을 공부했으며, 영국인 마이클 에리어스와 결혼하였다. 어머니가 뇌졸중으로 쓰러지자 간병을 위해 귀국한 그녀는 우연히 전 국가적으로 일어난 민주화 운동을 무력으로 진압하는 군부의 모습을 목격하게 된다. 그러다가 시위 군중 앞에서 '공포로부터의 자유'라는 제목의 연설을 하며 민주화 투사로 나서게 된다.

그녀는 미얀마를 일당 통치하던 사회주의 계획당에 다원적 민주주의를 받아들일 것을 요구하고, 미얀마 민중들의 요구를 수용하여 야당 세력을 하나로 묶어 민주주의민족동맹을 창설했다. 그런데 미얀마 군부는 당초 공정한 선거를 치르기로 한 약속을 깨고 계엄령을 선포한 후 철권통치를 이어갔으며, 아웅산 수지 여사는 군사정부의 탄압으로 첫 가택연금을 당했다. 이후 서방의 압력으로 실시된 총선에서 아웅산 수지 여사가 이끄는 민주주의민족동맹NLD이 82퍼센트의 지지를 얻어 압승했다. 그러나 군사정부는 선거 결과를 무효화하고 지도부를 비롯하여 당원 수백 명을 감옥에 가두고 탄압하였다.

아웅산 수지는 민주화 운동의 공적을 인정받아 노벨평화상 수상자로 선정되었다. 그러나 수상식 당일, 그녀는 미얀마의 군부독재 세력에 의해 가택연금에서 풀려나지 못한 상태였다. 이후 국제사회의 압력으로 6년 만에 가택연금에서 풀려났지만, 남편이 영국에서 암으로 사망하였을 때 고국으로 다시 돌아오지 못할 것을 염려하여 출국을 포기했다. 그리고 2차 연금 조치로 양곤 밖으로의 여행을 금지당하며 총 15년간 가택연금 상태로 지내게 되었다.

그러나 아웅산 수지는 변함없이 군부에 대항하였다. 가택연금에서 풀려난 그녀는 국회의원 보궐선거에 출마하여 하원의원에 당선되었다. 이어서 그녀를 중심으로 하는 민족민주동맹이 재보선 대상 45석 가운데 43석을 차지하는 압승을 거두어 실질적으로 미얀마를 이끄는 리더로 우뚝 섰다.

아웅산 수지는 자신의 목표를 이루기 위해 죽음도 피하지 않고 맞섰다. 평범한 리더였던 아웅산 수지는 현실에 안주하지 않고 군부의 부당함에 맞서 싸웠다. 15년간의 가택연금에도 불구하고 미얀마를 자유로운 국가로 만들기 위해 쉬지 않고 달린 덕에 그녀 스스로 훌륭한 리더로 당당하게 일어섰다.

공존과 상생을 위한 리더십의 필요성

리더십이란 무엇인가

올바른 리더십은 모든 조직이 추구하고 있는 필수요소이다. 조직은 리더십의 엄청난 경쟁가치를 인정하고 그것을 자신들의 중요한 자산으로 여기고 있다. 대중들 또한 리더십에 대해 기하급수적인 관심을 가지고 있다. 사람들은 서점에서 리더십에 관한 책을 사서 읽으며 리더십 강연을 듣고 교육을 받는다. 리더십에 대한 수많은 이론이나 주장들이 난무하여 대중들은 이리저리 현혹되고 있다. 사람들은 "올바른 리더가 되는 방법은 무엇인가?"에 대한 대답, 그것을 추구하고 있는 것이다.

일반적으로 사람들은 '리더십이란 사람들의 개인적, 사회적, 전문 직업인으로서의 삶을 개선시키는 방법'이라고 알고 있다. 그리고 기업이나 조직들은 '리더십'을 갖추고 있는 사람을 선호한다. 뛰어난 리더십 능력을 갖춘 사람이 자신들의 조직에 큰 이익을 가져다 줄 것이라고 믿기 때문이다. 그래서 그들은 많은 연구소를 통해 리더십 이론을 연구하고 있다.

이와 같이 리더십은 사회 전 분야에서 관심의 대상이 되고 있다. 또한 전 세계 연구자들 역시 리더십을 연구대상으로 놓고 많은 논문을 발표하고 있다. 리더십에 관한 학술적인 연구들의 개관을 통해 우리는 리더십 과정의 복잡성을 설명하기 위한 폭넓고 다양한 이론적 접근방법들이 있음을 알 수 있다.

어떤 연구자들은 리더십을 리더의 특성이나 행동을 개념화하는가 하면, 또 어떤 연구자들은 리더십을 정치적 시각에서 보기도 하고 인본주의적 관점에서 다루기도 한다.

이처럼 리더십 연구는 여러 상황에서 정량적 방법, 정성적 방법 등 다양한 방법으로 연구되어 오고 있다. 이같이 다양한 상황을 대상으로 다양한 방법에 의해 연구된 리더십 연구 결과를 종합해보면, 리더십이란 일반적으로 알고 있는 단순한 관점보다는 훨씬 더 복잡하고 정교한 과정임을 확인할 수 있다.

지금부터는 리더십을 다수의 복합적인 차원으로 이루어진 하나의 복잡한 과정으로 다루려고 한다. '리더십이란 무엇인가'에 대한 대답은 여러 가지 방법으로 찾을 수 있다. 그것은 민주주의, 사랑, 평화 등과 같은 추상적인 단어에 대한 대답을 찾을 때와 동일하다. 리더십을 정의하려고 시도한 학자들의 수만큼 많은 상이한 리더십 정의가 있기 때문이다.

바스에 의하면 어떤 리더십 정의들은 리더십을 집단과정에 초점을 두고 있는 개념으로 파악하고 있다. 이 같은 시각으로 보면 리더가 집단 변화와 집단 활동의 중심에 위치하게 되고, 집단의 의지를 통합하는 지위에 서게 된다.

또 다른 정의들은 리더십을 성격의 시각에서 개념화하고 있는데, 리더십이란 다른 사람들로 하여금 과업을 완성하려는 노력(행동)을 유발하는 성격특성이나 그 밖의 특성들의 조합이라고 한다. 또 다른 리더십 정의들은 리더십을 행위 혹은 행동, 즉 집단 내의 변화를 도모하기 위해 리더가 취하는 행동이라고 정의하고 있다.

그 밖에 리더십을 리더와 구성원들 간의 권력관계로 보는 정의도 있다. 이 같은 관점에서 보면 리더는 권력(영향력)을 가지고 그것을 사용하여 다른 사람들의 행동변화에 영향을 미치는 사람이다.

그리고 또 다른 리더십 정의들은 리더십을 목표달성의 수단으로 보고, 리더는 집단성원들을 도와 그들의 목표와 욕구를 성취·충족시키는 사람이라고 한다. 이 같은 리더십 개념은 비전설정, 역할모델, 개별적인 배려를 통해 구성원들을 변화시키는 리더십 개념을 포괄하는 개념이다.

또한 어떤 학자들은 리더 역량의 시각에서 리더십을 연구하고 있다. 그 같은 시각은 '효과적인 리더십을 가능케 한 것'은 리더 역량(지식과 능력)이라는 것을 강조하는 관점이다.

위의 개념들을 구체적으로 살펴보면 다음과 같다.

지도자의 성격 특성personality traits에 근거를 두고 설명한 연구자는 폴 피고스로, "특정한 성격의 소유자가 공동의 문제를 추구하는 데 있어서 그의 의지, 감정 및 통찰력으로 다른 구성원들을 이끌어 가고 다스리는 능력"을 리더십이라고 설명했다. 킴벨 영은 "타인의 행동을 통제 지휘 및 비판하는 능력"이라고 설명하기도 했다.

집단구성원의 목표와 자발적인 행동을 유도하는 데 리더가 발휘하는 영향력에 중점을 두는 기능이론으로, 알포드와 비틀리는 "기능적 리더십은 집단 구성원에게 동기를 부여함으로써 자발적인 행동을 유발시켜 집단목표를 달성할 수 있게 하는 것"이라고 했고, 조지 테리는 "조직의 공동목표 성취를 위하여 스스로 즐겨 행하도록 조직 구성원에게 영향력을 주는 행동"이라고 했다.

리더가 처해 있는 당시의 상황에 주요 변수를 두고 분석하는 것을 상황이론이라고 하는데, 이는 조직의 변화를 가져오는 조직상황에서 리더의 지식과 경험의 현명한 조화로서 이루어진 지식 자원을 특수한 상황에 실용적으로 적용하는 것을 의미한다. 즉 이미 주어진 상황에 따라서 리더의 가치가 판단되고, 지도자의 행동은 상황과 여건에 의해 결정된다는 것이다.

한편 리더십을 인간관계와 이의 상호작용의 측면에서 접근한 스탠필드 사젠트는 "리더십은 집단의 어떤 특정 개인과 조직구성원들과의 사회적 상호작용의 형태이며, 리더와 구성원과의 역할 행동이다"라고 설명했다. 태넨바움은 "어떤 상황 속에서 커뮤니케이션의 과정을 통하여 특정한 목표를 달성하기 위하여 볼 수 있는 대인간(對人間)의 영향"이라고 설명하기도 했다.

이와 같이 리더십을 개념화하는 데는 여러 가지 다양한 정의가 존재한다. 그럼에도 불구하고 리더십 현상에는 그 중심이 되는 몇 가지 구성개념들이 있음을 알 수 있다. 즉, ① 리더십은 과정이다, ② 리더십 과정은 영향을 미치는 과정이다, ③ 리더십은 집단상황에서 일어나는 현상이다, ④ 리더십은 목표 달성을 위한 과정이다.

이 같은 리더십의 구성개념들을 기초로 하여 리더십을 정의하면 다음과 같다. "리더십이란 공동목표를 달성하기 위하여 한 개인이 집단의 성원들에게 영향을 미치는 과정이다."

공존과 상생을 위한 리더십의 필요성

우리 사회에서 진정한 리더와 리더십의 필요성이 논의된 지는 오래되었다. 그리고 지금도 그것을 배우고자 하는 열기로 우리 사회가 달아오르고 있다. 하지만 진정한 리더와 리더십의 정의는 지금도 여전히 우리 사회에서 큰 논쟁거리가 되고 있다. 작게는 가정의 리더십이나 기업, 교육 현장에서부터 크게는 국가를 경영하는 국가 지도자의 리더십에 이르기까지 우리 사회 전반은 리더십 부재에 당면해 있다. 많은 사람들이 서점에서 책을 사고 강연을 듣고, 심지어 리더십 전문교육에 참여하는 등 리더십을 기르기 위해 고군분투하고 있다. 그럼에도 불구하고 우리 사회가 여전히 진정한 리더와 리더십을 찾아야 하는 이유는 어디에 있는가?

그것은 아마도 리더십에 대한 올바른 인식이 부족하기 때문일 것이다. 또한 체계적인 교육과 함께 지속적인 훈련이 좀더 필요하기 때문일 것이다. 리더십은 단순한 처세술과 다르며, 임기응변의 기교나 화려한 기술의 테크닉과도 다르다.

"모든 문제는 리더십에서 시작된다"는 말이 있는데, 이것은 리더십의 중요성을 극명하게 보여주는 것이라 할 수 있다. 개인의 문제나 가정, 기업, 사회, 국가의 문제에 이르기까지 모든 문제의 중심에는 리더십의 부재가 결정적인 요인이 되고 있다. 리더십이 부족할 경우, 가정은 끊임없이 불화에 시달리며 직원은 승진의 기회조차 갖지 못하고, 상사는 직원들에게 외면당한다. 또 경영자는 기업을 파탄으로 끌고 가며, 정치 지도자는 언론의 도마 위에 오를 뿐만 아니라 사회통합을 방해하기까지 한다. 결국 리더십이란 조직의 우두머리 몇몇이 갖춰야 할 덕목이 아니라 현대를 사는 일반 사회인이라면 반드시 지녀야 할 인생철학이자 성공하는 삶의 필수요소가 되었다.

다양한 매체를 통해 수많은 사람들이 스스로가 준비된 리더임을 자처하며 홍보하기에 여념이 없다. 그러나 과연 그들이 진정한 리더십

10장 공존과 상생을 위한 리더십

과 지도자로서의 자격을 갖추었는지에 대해서는 많은 의구심을 갖지 않을 수 없다. 그 이유는 그동안 진정한 리더로서의 자질과 역할을 보여준 리더가 부족했기 때문이다. 여기서 제시되는 것이 바로 '탁월한 리더의 필요성'이다. 그렇다면 진정한 리더는 어떻게 탄생하며 그의 리더십은 어떻게 현실에 대처해 나갈 수 있는가?

어떤 집단은 아직도 보스(두목) 수준의 리더에게 영도되고 있는 경우도 많다. 행동과학자 피고스 교수가 리더LEADER의 역할을 글자풀이로 설명한 것이 있다. L은 리슨Listen(잘 듣는다, 경청한다)을 뜻하고, E는 에듀케이트Educate(교육한다) 또는 익스플레인Explain(설명한다)을 의미한다. A는 어시스트Assist(돕는다, 원조한다)를 뜻하고, D는 디스커스Discuss(토론한다, 상담한다)를 의미한다. E는 이밸류에이트Evaluate(평가한다)를 뜻하고, R은 리스폰드Respond(대답하다 또는 책임을 진다)를 의미한다는 것이다.

이 중에서 가장 중요한 것은 듣는다는 항목으로서, 리더는 자기가 하는 일의 70–80퍼센트를 듣는 일에 할애하라고 한다. 물론 듣는다는 것은 다른 사람의 말을 포함해 관련 부문이나 업계의 정보를 듣는 것도 포함된다. 듣는다는 것은 소통의 기반 자세이다. 현대의 열린 사회에서는 소통이 중요한 화두로 떠오르고 있다. 소통은 조직이나 사회를 참여와 통합의 길로 이끄는 요소이다. 따라서 리더는 이러한 소통의 자세를 가져야만 한다. 많이 듣는 것을 포함해서 리더LEADER의 글자가 갖는 의미를 음미해 보면 시사하는 바가 크다.

그러나 여기에서 잊지 말아야 할 것이 있다. 맹목적으로 대중의 의견을 따르고 좇는 사람이 되기보다는 그들보다 더 앞선 사람이 되어야 한다는 것이다. 결국 리더십은 타고나는 것이 아니라, 꾸준히 연마해야 비로소 자신의 것이 될 수 있다.

올바른 리더십은 가정, 기업, 사회, 그리고 나아가 국가를 효율적으로 이끌어가는 데 필요한 조건이다. 우리는 위대한 인물로 헬렌 켈러를 꼽는다. 그러나 그의 뒤에는 설리반 선생이 있었다. 설리반 선생의 훌륭한 리더십이 없었다면 헬렌 켈러는 우리의 기억 속에 길이 남지 못했을 것이다.

"좋은 리더는 사람들이 가고 싶어 하는 곳으로 그들을 이끌어간다. 위대한 리더는 사람들이 절대로 가고 싶어 하지 않지만 꼭 가야 하는 곳으로 그들을 이끌어간다"(로살린 카터).

다른 사람을 긍정적인 방향으로 이끌어갈 수 있는 사람이 바로 진정한 리더이다. 오로지 혼자 앞서가는 것은 올바른 리더의 모습이 아니다. 다른 사람을 변화시켜 좋은 방향으로 이끌 수 있는 사람이 자신의 인생도 성공으로 이끌어 갈 수 있다는 것을 잊지 말아야 한다. 뛰어난 리더가 되기 위해서는 책임을 다해 일할 뿐만 아니라, 기꺼이 조직이나 사회를 위해 자신의 가치와 열정을 투자할 수 있어야 한다.

참고 도서

〈결정석 순간의 리더십〉 고현숙 저 | 쌤앤파커스 | 2017년

〈경제학원론〉 이명규 저 | 진영사 | 1985년

〈경청, 영혼의 치료제 : 치유는 경청에서 시작된다!〉 애덤 S. 맥휴 저 | 윤종석 옮김 | 서울 : CUP | 2018년

〈경청의 인문학〉 도야마 시게히코 저 | 신희원 역 | 황소북스 | 2019년

〈구글 성공의 7가지 법칙〉 뤄야오종 저 | 오수현 옮김 | 서울 : 이코노믹북스 | 2007년

〈길을 열다〉 마쓰시타 고노스케 저 | 남상진, 김상규 옮김 | 서울 : 청림출판 | 2009년

〈나의 삶과 일 : 헨리 포드 자서전〉 헨리 포드 저 | 이주명 옮김 | 서울 : 필맥 | 2019년

〈내 인생을 변화시키는 소통의 기술〉 정병태 저 | 넥스웍 | 2019년

〈노자〉 노자 저 | 이강수 옮김 | 서울 : 길 | 2007년

〈다문화 공생을 위한 이문화 커뮤니케이션〉 하라사와 이츠오 저 | 장근수 역 | 한국문화사 | 2018년

〈대의정부론〉 Mill, John Stuart 저 | 서병훈 옮김 | 서울 : 아카넷 | 2012년

〈도덕감정론〉 Smith, Adam 저 | 한길사 | 2016년

〈리자청 VS 왕용칭 : 사업은 리자청에게, 경영은 왕용칭에게 배워라!〉 왕광하이 저 | 이지은 옮김 | 서울 : 시그마북스 | 2011년

〈리자청의 상략 36계〉 마치 저 | 김하림 옮김 | 서울 : 다락원 | 2004년

〈링컨〉 프레드 캐플런 저 | 허진 옮김 | 파주 : 열림원 | 2010년

〈마르크스 자본론〉 Marx, Karl 저 | 스타북스 | 2015년

〈마음을 사로잡는 경청의 힘〉 래리 바커, 키티 왓슨 저 | 윤정숙 역 | 이아소 | 2013년

〈마음을 얻는 지혜 경청〉 조신영, 박현찬 저 | 서울 : 위즈덤하우스 | 2007년

〈멘탈 모델이 미래를 결정한다〉 제리 윈드, 콜린 클룩, 로버트 건서 저 | 류동완 옮김 | 서울 : 럭스미디어

| 2005년

〈바른풀이 老子道德經〉 노자 원저 | 남충희 해설 | 서울 : 렛츠Book | 2018년

〈베이징 컨센서스〉 황핑 외 저 | 김진공, 류준필 옮김 | 서울 : 소명출판 | 2016년

〈비폭력대화〉 마셜 로젠버그 저 | 캐서린 한 역 | 한국NVC센터 | 2017년

〈비폭력대화와 교육 : 마셜 로젠버그의 공감 교육 워크숍〉 마셜 B. 로젠버그 저 | 정진욱 옮김 | 서울 : 한국NVC센터 | 2018년

〈비폭력대화와 사랑 : 마셜 로젠버그의 Q&A세션〉 마셜 B. 로젠버그 저 | 이경아 옮김 | 서울 : 한국NVC센터 | 2018년

〈사람다움이란 무엇인가 : 인仁의 3천년 역사에 깃든 상생의 힘〉 신정근 저 | 글항아리 | 2011년

〈사회정의론〉 Rawls, John 저 | 황경식 역 | 서울 : 서광사 | 1985년

〈사회주의론〉 Mill, John Stuart 저 | 정홍섭 옮김 | 고양 : 좁쌀한알 | 2018년

〈사흘만 볼 수 있다면 : 헬렌 켈러 자서전〉 헬렌 컬러 저 | 박에스더 옮김 | 서울 : 사우 | 2018년

〈삶을 풍요롭게 하는 교육 : 교사를 위한 비폭력대화〉 마셜 B. 로젠버그 저 | 캐서린 한 옮김 | 서울 : 한국NVC센터 | 2016년

〈삼성과 소니〉 장세진 저 | 파주 : 살림Biz | 2008년

〈상생경영〉 상생협력연구회 저 | 김영사 | 2006년

〈샤넬 전략 : 럭셔리 브랜드 No.1 샤넬의 마케팅 비법〉 나가사와 신야 편저 ; 스기모토 가자 저 | 이수미 옮김 | 서울 : 랜덤하우스 | 2011년

〈서독의 질서자유주의 : 오위켄과 뢰프케〉 | 이근식 역 | 기파랑 | 2007년

〈성찰〉 Descartes, Rene 저 | 양진호 옮김 | 서울 : 책세상 | 2018년

〈소통, 경청과 배려가 답이다〉 선태유 저 | 북랩 | 2016년

〈시장 자유주의를 넘어서〉 김영진 저 | 한울아카데미 | 2016년

〈아웅산 수지, 희망을 말하다〉 아웅산 수지, 앨런 클레멘츠 저 | 구미정 옮김 | 성남 : 북코리아 | 2011년

〈아이아코카 : 실천하는 리더, 우리는 이런 CEO를 원한다!〉 리 아이아코카, 윌리엄 노백 저 | 황정연 옮김 | 서울 : 황소자리 | 2005년

〈양치기 리더십〉 케빈 리먼 저 | 김승욱 역 | 김영사 | 2005년

〈역사주의와 역사철학 : 칼 포퍼의 비판적 합리주의와 역사주의의 논쟁을 중심으로〉 이한구 저 | 문학과지성사 | 1986년

〈완벽한 소통법〉 유경철 저 | 천그루숲 | 2018년

〈왜 자유주의는 실패했는가〉 패트릭 J. 드닌 저 | 이재만 역 | 책과함께 | 2019년

〈월마트 : 유통혁명의 신화〉 산드라 S. 밴스, 로이 V. 스콧 저 | 김계환, 이진수 옮김 | 서울 : 길벗 | 1995년

〈월마트 성공의 길〉 이광종 저 | 서울 : 한수협출판부 | 1998년

〈월마트는 왜 강한가〉 시마다 요스케 저 | 반지명, 하대선 역 | 서울 : 한수협출판부 | 2004년

〈위기를 기회로〉 마쓰시타 고노스케 저 | 남상진, 김상규 옮김 | 서울 : 청림출판 | 2010년

〈위대한 생애〉 벤저민 프랭클린 저 | 최종률 옮김 | 서울 : 지훈 | 2005년

〈유능한 상담자 : 상담의 문제 대처와 기회 개발적 접근〉 Gerard Egan 저 | 제석봉, 유계식 옮김 | 서울 : 시그마프레스 | 2003년

〈유쾌한 소통의 법칙 67〉 김창옥 저 | 나무생각 | 2010년

〈이나모리 가즈오 성공의 요체〉 이나모리 가즈오 저 | 양준호 옮김 | 서울 : 한국경제신문 | 2016년

〈인문학, 소통과 공생의 지혜〉 인하대학교 한국학연구소 저 | 글로벌콘텐츠 | 2016년

〈인물 中國史 : 진시황제부터 리자청까지〉 양필승 저 | 서울 : 백산서당 | 2008년

〈자본주의〉 끌로드 제쉬아 외 | eBook | 2007년

〈자유론〉 J. S. 밀 저 | eBook | 1970년

〈자유론〉 Mill, John Stuart 저 | 펭귄클래식코리아 | 2015년

〈자유주의 자본론〉 김승욱 편 | 백년동안 | 2015년

〈자유주의〉 루드비히 폰 미제스 저 | 이지순 역 | 자유기업센터 | 2014년

〈자유주의를 넘어서 : 자유주의의 한계와 그 보완의 과제〉 Walzer, Michael 저 | 철학과 현실사 | 2001년

〈자유주의와 공동체주의〉 Mulhall, Stephan 저 | 한울 | 2001년

〈자유지상주의자들 자유주의자들 그리고 민주주의자들〉 김비환 저 | 성균관대학교출판부(SKKUP) | 2005년

〈장루이민의 하이얼 : 중국 No.1 기업은 어떻게 만들어지는가〉 안젠쩐, 후영 저 | 이수진 옮김 | 서울 : 수희재 | 2004년

〈장자〉 장자 저 | 허세욱 옮김 | 파주 : 범우 | 2010년

〈정의론〉 Rawls, John 저 | 川本隆史, 福間聰, 神島裕子 譯 | 東京 : 紀伊國□書店 | 2010년

〈정치적 자유주의〉 Rawls, John 저 | 동명사 | 2016년

〈제임스 뷰캐넌·고든 털럭, 국민 합의의 분석〉 Buchanan, James M. & Tullock, Gordon 저 | 황수연

공존과 상생을 위한 하모니 리더십

역 | 2018년

〈조직의 한계〉 Arrow, Kenneth Joseph 저 | 북코리아 | 2014년

〈존 맥스웰 리더십 불변의 법칙〉 존 맥스웰 저 | 비즈니스북스 | 2010년

〈주역〉 노태준 해설 | 서울 : 홍신문화사 | 2007년

〈중상주의〉 김광수 저 | 민음사 | 1984년

〈지구경영, 홍익에서 답을 찾다〉 이승헌, 이만열 저 | 한문화 | 2016년

〈채근담〉 홍자성 저 | 신흥식 역주 | 서울 : 글로벌콘텐츠 | 2018년

〈춘추전국이야기 10, 진나라의 천하통일〉 공원국 저 | 고양 : 위즈덤하우스 | 2017년

〈카네기 행복론〉 데일 카네기 저 | 최염순 옮김 | 서울 : 씨앗을뿌리는사람 : 카네기트레이닝 카네기연구소 | 2008년

〈칼 로저스의 사람-중심 상담〉 칼 로저스 저 | 오제은 옮김 | 서울 : 학지사 | 2007년

〈칼 야스퍼스 읽기〉 정영도 저 | 서울 : 세창미디어 | 2014년

〈코카콜라의 진실 : 코카콜라를 만든 사람들〉 콘스턴스 헤이스 저 | 김원호 옮김 | 파주 : 북@북스 | 2006년

〈코코 샤넬〉 알리 지델 저 | 이원희 옮김 | 파주 : 작가정신 | 2018년

〈트렌드와 시나리오 : 세계 초우량기업 지멘스의 전략개발법〉 Pillkahn, Ulf 저 | 박여명 역 | 서울 : 리더스북 | 2009년

〈퍼스널 MBA : 비즈니스 성공의 불변법칙, 경영의 멘탈모델을 배운다!〉 조쉬 카우프만 저 | 이상호, 박상진 옮김 | 서울 : 진성북스 | 2014년

〈플레밍이 들려주는 페니실린 이야기〉 김영호 저 | 서울 : 자음과모음 | 2005년

〈피터 드러커의 자기경영노트〉 이재규 옮김 | 서울 : 한국경제신문 | 2003년

〈하이에크, 자유의 길 : 하이에크의 자유주의 사상 연구〉 민경국 저 | 한울 | 2007년

〈해머 자서전〉 아먼드 해머 저 | 정성호 옮김 | 서울 : 文學思想社 | 1990년

〈호설암의 기회경영〉 어우양이페이 저 | 김준봉, 이지현 옮김 | 서울 : 지상사 | 2006년

〈혼돈의 시대 리더의 탄생〉 도리스 컨스 굿윈 저 | 강주헌 역 | 커넥팅(Connecting) | 2020년

〈홍정상인 호설암의 인간경영〉 호설암 원전 ; 구양일비 해석 | 이선영 옮김 | 서울 : 태웅출판사 | 2005년

〈CEO 리더십유형과 조직성과〉 양상진 저 | 파주 : 한국학술정보 | 2007년

〈GE처럼 커뮤니케이션하라〉 심재우 저 | 서울 : 일빛 | 2004년

〈Kant의 道德律과 自由〉 정하경 저 | 동국대학교 | 1961년

공존과 상생을 위한

하모니 리더십

초판발행| 2020년 8월 01일

지 은 이| 박현정

펴 낸 이| 이창호
편   집| 김혜진
디 자 인| 이보다나
인 쇄 소| 거호 커뮤니케이션

펴 낸 곳| 도서출판 북그루
등록번호| 제2018-000217
주   소| 서울특별시 마포구 토정로 253 2층(용강동)
도서문의| 02) 353-9156
이 메 일| bookguru24@hanmail.net

ISBN 979-11-90345-05-7 (13510)

(CIP제어번호 :CIP2020030034)
이 도서의 국립중앙도서관 출판예정도서목록(CIP)은 서지정보유통지원시스템 홈페이지(http://seoji.
nl.go.kr)와 국가자료공동목록시스템(http://www. nl.go.kr/kolisnet)에서 이용하실 수 있습니다.